ANGEL ABUNDANCE

大天使豐盛法則

Revelations on True Wealth from the 12 Archangels

連結12位本源大天使
64個冥想練習，敞開財富大門

貝琳達・沃馬克 Belinda J. Womack 著　非語 譯

各界讚譽

「十二大天使在祂們的新書中明確地表示，為了解決作為人類的我們所面臨的問題，我們必須轉化自己的心痛，這既是眾所周知的事，也是隱藏在深層潛意識的東西。在這本以愛的純粹頻率傳訊的實用指南當中，天使們向我們展示使自己和集體擺脫匱乏與苦難的方法。它開始於透過陰性面與本源連結，好讓我們上升，擺脫恐懼老先生的父權體制強加於我們的限制。貝琳達和天使們實在太讚了，不但揭示了關於金錢的真相，而且照亮了通向真正豐盛的道路。」

——蕾吉娜・梅瑞迪斯（Regina Meredith）
蓋亞（GAIA）電視台〈敞開心扉〉（*Open Minds*）節目主持人

「《大天使豐盛法則》很令人著迷。本書以面對現實生活中的財務挑戰所得來的智慧撰寫而成，它啟發讀者真正了解和感受我們與神和天使們的連結。豐盛是我們與生俱來的權利。本書將會引導你認識那個實相。」

——克莉絲蒂安，諾斯拉普（Christiane Northrup）
醫學博士，《紐約時報》暢銷書《女神歲月無痕》（*Goddesses Never Age*）作者

「貝琳達和十二大天使為本書注入的心血至少可以說是意義深遠。在這個全世界大規模覺醒的時代，《大天使豐盛法則》是指路明燈，獻給想要連結內在財富的所有靈魂。」

——亞歷克斯・法拉利（Alex Ferrari）

〈下一層級的靈魂〉（*Next Level Soul*）播客節目主持人

獻給我的雙生「靈魂」，麥可（Michael），
以及在乎我們的寵物——
貝拉（Bella）、銀河系（Galaxy）、格蕾絲（Grace）

目錄

第5部——還缺什麼呢？ 211

序——

與「十二大天使」一同活在豐盛之中

在我因為缺錢又缺乏自信而苦苦掙扎的時候，與「中央太陽」（Central Sun）的「十二大天使」一同活在豐盛之中開始了。讓我們回到大約三十年前，當時我受邀參加「遇見你的守護天使」（Meet Your Guardian Angels）工作坊。在那個工作坊之前幾個月，很驚訝大天使加百列（Archangel Gabriel）突然來訪，那使我的人生起了翻天覆地的變化。加百列告訴我，我不久就會辭去兒科癌症研究技術人員的工作，幫助人類與他們的神性（divinity）重新連結。我一頭霧水。我相信我知道且非常努力獲得的一切即將在我眼前消散。藉由參加那個工作坊，我希望對發生在自己身上的事情多少有些理解。

帶班老師引導我們進入冥想。我們被告知，可能需要整整九十分鐘才能見到我們的兩位天使。我的腦袋快炸裂了。我不善於冥想；我是個生物學家。我到底在這堂課裡做什麼呢？我閉上眼睛，與我的內在小孩（inner child）連結。不知何故，我知道要專注聚焦，感應內在小孩的臨在。她幫助我忽略腦袋中間劇烈疼痛帶來的干擾，許久以後我才知道，那是重新喚醒內在的視界。「小貝琳達」（我這麼稱呼她）牽起我的手，我們步入一圈色彩繽紛的光。一開始，我只看得見旋轉的色彩，然後我看見祂們：十二位巨型天使，每位都拿著一份禮物。我立即想到，我做錯了什麼事，因為我應該與兩位天使連結，而不是十二位。我記得加百列走進圓圈裡，給出了溝通的禮物。大天使麥可（Archangel Michael）是下一位，帶著屬於愛的最高振動的「真理」禮物。我記不得那天得到的其他十件禮物，但我信任我的「小貝琳達」為我接收了，而且幾十年來，我們運用並分享了那些禮物。

在見到「中央太陽」的「十二大天使」之後幾個月，我辭去了工作，而且在那之後不久，我逐漸明白自己麻煩大了。我沒有積蓄，沒有工作，還有一筆即將喪失抵押品贖回權的抵押貸款。我陷入恐慌。老實說，我當時有這個毫無根據且完全瘋狂的想法：當你為「神」（God）工作的時候，金錢便會如魔法般地出現在你的銀行帳戶裡。絕望的我詢問「天使」們（原本以為祂們對工作謀生一無所知），我該做什麼才能賺到自己的錢。我發現，祂們居然一直在等我開口。「天使」們很快地明確表示，祂們非常了解如何運用財務資源幫助人類，尤其是當那人得到召喚，要承擔起靈性服務的工作。我得到指示，要坐在電腦前，撰寫傳送給我的訊息。臣服於成為傳訊通道是我的第一步。第二步是運用我接收到的指引，為一小群善良而有耐心的靈性朋友教授一堂課。每個學生支付了二十五美元，而且每一分錢都是奇蹟。

工作坊結束後第二天，一名學員問了我一個關於她的製造機械銷售業務的問題。聽好，我對製造機械一無所知，但我嘴裡卻吐出這些話：「我可以幫你。你想在療程中諮詢十二大天使和你的指導靈嗎？」

那時候，並沒有網站、社群媒體或網際網路行銷之類的東西，然而卻有一個又一個個案找上門。「天使」們教導我如何落實信任「本源」（Source），以及如何由內而外改變我的財務實相。我必須相信自己是祂們的愛與坦率誠實的媒介，而祂們需要使我對自己充滿信心。我了解到，小我（ego）無法為自我（self）帶來小我一開始就沒有的東西。我們必須請求「母父神」（Mother-Father-God）與「靈魂」（Soul，更高「自性」higher Self，譯注：即「高我」）賜予我們目前欠缺的東西，就我而言，這是自我價值感。

三十多年來，我持續活出且與他人分享來自「天使」們的這份洞見。對於勇敢且願意完全臣服於自身「靈魂」的天職的人們來說，「未稀釋的愛」（undiluted love）是從「本源」流出的財富，可以在物質層面轉換成為財務資源。我親眼見證到，當一個人對「靈魂」的信賴加深，小我的操控隨之減弱，實際而持久的豐盛增長。

我們必須從早到晚盡可能地保持自己的振動清明而充滿愛，才能幫助小我擺脫恐懼和操控。因此，當我記錄「天使」們的訊息時，祂們確保我使用在振動上不折不扣傳遞「真理」的字詞。無論我是透過寫作或演說傳達祂們的教導，我都會監控自己的振動，保持扎根在未稀釋的愛之中。將「天使」們的能量轉譯成書面文字的時候尤其如此。在《大天使豐盛法則》（*Angel Abundance*）的編輯過程期間，我會請求「天使」們確認一下，由善良而才華橫溢的本書編輯珍・拉爾（Jane Lahr）完成的校訂稿的振動頻率如何。

為了幫助讀者體驗到振動的正向轉換並感受到那股能量，我們刻意地將某些字的字首以大寫呈現，例如「天使」（**Angel**）、「真理」（**Truth**）、「心」（**Heart**）、「靈魂」（**Soul**，譯注：中文譯稿以「」代替字首大寫的英文字）。當你的眼睛注意到該字開頭的大寫字母（譯注：中文則為「」），你的陰性直覺腦就知道要將頻率從人世間的頻率提升到「天堂」的頻率。我舉個例子告訴你這點如何運作。看見 *angel* 與 *Angel*，或 *divine oneness* 與 *Divine Oneness* 這兩個英文字詞的時候，你是否感覺到振動的差異呢？基於類似的原因，「天使」們為你提供詞彙表，幫助你感受豐富的《大天使豐盛法則》教導中的「真理」。請隨意漫步到那座詞彙花園，好好體驗種植在那裡的療癒之愛。要永遠帶著你的神聖內在小孩（divine inner child），因為這個「小孩」（Child）是打開「造物主」（Creator）最大財富金庫的鑰匙。我的「小貝琳達」每天都向我證明這點。

「十二大天使」請求我們活在「心」之內，那是未稀釋的愛的振動，強而有力，可以改變人生。從我們之內的這座「天堂」聖殿，我們可以接收到渴求的一切，為我們提供真正的幸福快樂。祂們鼓勵我們提升低階振動的念想、感受、觀點、預期，擺脫恐懼，進入「信任」（Trust），藉此做到這點。與「天使」們一同活在豐盛之中是創造永無止境的快樂童年的最佳方法，在此，我們感到安全、有價值、自由。願你也揭露你的本真「自性」（Self），發現屬於你的創意天才。隨著你與他人交換你的大量財富，繁榮便會流向你，這是神性法則（divine law）。「十二大天使」期待指引你加速發現你的真實財富。

好好享受這趟探險吧！

貝琳達

第1部

接受邀請

我們邀請你運用「靈魂」的歌唱之光
接收來自「大宇宙」的財富。

——「中央太陽」的「十二大天使」

第1章 來自我們的邀請

我們是「中央太陽」(「本源」的「靈魂」)的「十二大天使」。我們是無限慈愛的正向改變力量，而且我們的「靈魂」很樂意將來自「中央太陽」的療癒傳送給你。「中央太陽」由我們稱之為「愛」的能量構成。愛的能量有創造力且浩瀚遼闊。「未稀釋的愛」的能量就是「本源」，那股能量就是「神」，也是創造一切的「造物主」。愛是最偉大、最強健的煉金術力量，存在於「大宇宙」(Great Universe)中的任何地方，包括我們稱之為「地球教室」(Schoolroom Earth)的迷人藍色星球。

身為地球教室的共同設計者，我們希望人類知道我們珍惜「大天使蓋亞」(Archangel Gaia)。隨著她賜予你的每一次呼吸，我們與「造物主」一起注入我們的未稀釋的愛。「蓋亞」(地球)是目的地，在此，你有機會體驗到愛的能量被無限稀釋，那叫做「恐懼」(fear)。隨著每一次投生轉世，你收到我們的邀請，要運用「中央太陽」的歌唱光芒轉化恐懼，使你不再懷疑自己的真實價值和非凡創意。我們渴望幫助你放下許多層的懷疑和恐懼，那些將你推入膨脹到不再適用於人類集體的振動實相。你一直有能力直接接收到「造物主」，而且你內在有力量將人類從匱乏推向豐盛。

我們將運用未稀釋的愛的「力量」（Power）幫助你感覺和知道你是「神」的神聖「小孩」，在品質上等同於「大天使」，永遠值得體驗豐盛。你也是「神性存有」（divine being），而且你的「靈魂」就跟我們的「靈魂」一樣，終極而言起源於「一體靈魂」（One Soul）。你或許應該知道一下我們的名字；我們有許多名字，有些是你的美麗小我理解的，有些被你的美麗小我誤解了。我們請求你不要因為名字和頭銜而分心，而是經由我們的愛和友誼認識我們。為什麼我們是一支「十二大天使」的團隊呢？我們的數字有隱喻意涵，象徵進化的週期，隨著「造物主」能量的每一次神聖螺旋循環，促使人類的振動向上移。十二是一個將「聲音」（Sound）與「光」（Light）融合在一起創造「心的力量」（Heart Power）的數字，這股力道將所有「靈魂」凝聚在「神聖一體性」（Divine Oneness）之中。我們的「聲音」感動你的情緒，而我們的「光」提升你的念想的頻率。在你透過我們的文字與我們的「聲音」和「光」連結之際，要知道本書中使用的語言是刻意設計的，旨在闡明：恐懼的誘惑方式是想要你再次入睡。我們需要你保持清醒，解放被鎖在你的陰性直覺腦中的靈性、創意、情緒智商。

讓我們向你解釋一下地球教室如何運作。你，就跟「造物主」一樣，透過你的信念、思想、感受表達，用愛創造你的正向實相（快樂體驗）。跟「造物主」不同的是，你在人生中創造匱乏與失望，因為浸滿恐懼的信念主要儲藏在你的潛意識中。你可能承繼了這些低階振動信念，將它們從前世帶到今生，目的是要轉化它們，或同意為「人類一體」（One Human Body，集體）承受它們。每一次投生轉世，你都同意透過自己個人的轉化和揚升（掙脫限制）來蛻變苦難。

人類最深層且最有害的潛意識恐懼是：「母父神」遺棄了你，讓你在危險而不公平的星球上求生存，如果你向「神」求助，就會被懲罰。這些恐懼與你的DNA（去氧核糖核酸）分子緊密地交織在一起，釋放出浸滿罪疚、羞愧、責怪、悲傷的無價值感情緒毒素。這兩種潛意識信念（你已被遺棄的信念以及你不配請求和接收的信念）產生基本的恐懼範型。這個核心範型在你的實相中顯化成欠缺你需要的東西，尤其是情緒保障與人身安全。

我們可以向你展示方法，讓你掙脫「你不夠好，無法接收到造物主」這則謊言。謊言源自於恐懼，而且當恐懼滲入人類的宗教和政府時，由小我主宰的陽性階級結構於是成形，透過恐懼和與「神」分離來操控人們。「人類一體」的潛意識包含許多層信念，告訴你，你不配接收到「神」。「人類一體」的潛意識相信，「本源」無法提供日常生活所需要的東西。我們交換使用人類稱之為「神」的名字，為的是促進你潛意識中的反應，方便滌淨限制你的謊言和恐懼。當提到未稀釋的愛的最高振動能量時，我們會採用以下字詞：「造物主」、「神」、「母父神」、「本源」、「神聖一體性」、「中央太陽」、「中央靈魂」（Central Soul）、「神性本源」（Divine Source）、「大宇宙」。

你天賦異稟的人腦會以複雜的方式對語言做出回應。某些文字幫助人類的潛意識放下恐懼，某些文字則鼓勵潛意識緊緊抓住恐懼。在我們的溝通傳訊中，我們使用的語言經過精心設計，旨在揭露埋藏在你內在的恐懼。我們的文字針對目標注入療癒能量，支持你的表意識心智覺察到負面的思維習性，也正是那些習性為你帶來你無法擁有渴求之物的訊息。有意識地選擇轉換你的心智的振動，擺脫恐懼，進入愛，幫助你體認到「靈魂」正設法賜予你的東西。隨著你的潛意識中的沉重負擔得到釋放和寬恕，你一定會毫無疑問地知道，你值得請求和接收你的實相中目前欠缺的東西。

像神一樣的人類，你需要指揮難以置信的正向接收力量，才能轉化你的人生以及改變「人類一體」體驗到的苦難。我們認定，你已經習慣於把自己看作缺乏價值。相信你有所不足被展示在你的日常生活中，表現成收到工作薪資並不能使你快樂的體驗，或欠缺活得自由的資源。這是接收問題，而且這個問題可以被解決。

愛是「大宇宙」的「力量」。愛召來恐懼，而恐懼渴望轉變成為愛。當你活出這則「真理」，而且允許你的人性接收未稀釋的愛的能量（此能量可以具體化為使你快樂幸福所需要的東西），你的人生便會以宛如奇蹟的方式改變。我們邀請你從你的經驗中根除匱乏，親眼見證「靈魂」有力量使你進入新的財富實相。從我們的視角看，財富是快樂幸福，它的到來伴隨安全與保障、自由、充滿愛的關係、自我尊重，以及無論你的年齡大小，轉譯成為喜悅童年的其他任何事物。

我們將以觀想（visualization）的形式分享療癒體驗，那將會催化迅速的轉化和發現。請慢慢地閱讀這些療癒體驗，允許這些文字中的能量移動你的原子。運用你的創意想像力看見療癒體驗中的場景可以加速療癒的啟動。若要做到這點，你可以邊閱讀邊觀想那些場景，大聲說出或私下默唸我們建議你說出來的話。保有這個觀想可以幫助你的意念，就跟能夠「看見」描述的內容一樣有價值。我們希望你好好享受我們為親愛的你帶來的第一次體驗。

冥想練習 1

接收邀請

閉上眼睛，深吸一口氣，然後完全吐氣。重複這麼做，直至你感到平靜和歸於中心為止。

看見你自己跨過我們為你打開的紫色出入口。我們邀請你進入我們的寧靜森林。

走到有樹枝觸及星星的巨樹圈。你的神聖內在小孩等候著你。向那些巨樹大聲呼喊：「十二大天使，我接受祢們的邀請啊！」

巨樹會轉變成金色且開始對你唱歌。重複説道：「十二大天使，我接受祢們的邀請啊！」藉此讓我們的未稀釋的愛完全浸透你的每一個細胞。

待在這裡，在「神聖一體性」之中，直至你感覺充滿希望且興奮雀躍，可以接收你的新人生為止。

我們邀請你「接收」。當你接收時，你正在迎接「本源」的能量和愛進入你的實相。我們感謝你透過你勇敢的「自性」幫助我們轉化「人類一體」的苦難。讓我們一開始先教導你，振動是在地獄中求生存或在此人間天堂茁壯成長的關鍵。

「造物主」制定了不可動搖且永久不變的法則，保護從「中央太陽」流到地球教室的未稀釋的愛的振動和用法。你願意親眼見證這些最高振動如何改變你的日常生活嗎？假使你快樂、安全、有目的、自由，人生感覺起來會是什麼樣子呢？

第2章 幫助你的靈性法則

神性法則是「造物主」的保護機制，旨在幫助指引「人類一體」完成地球教室的功課。所有學生均同意，要在許多形式、振動、事件當中體驗恐懼，藉此學習未稀釋的愛的品質。為了了解未稀釋的愛的能量是什麼，以及如何運用愛作為療癒、轉化、顯化的力量，小我必須願意落實無條件地愛自己和他人。學好重視你的「靈魂」是由未稀釋的愛的能量構成，將會重建你的內在價值，提升你的心智，擺脫恐懼的流沙。恐懼是負面的顯化能量，在振動上是愛的反面，它放大自身，產生負面的幻相。這種負面幻相在你的教室裡顯化成為苦難、感情大戲、與「神」分離。你在地球上是要用未稀釋的愛的能量將恐懼轉化成為愛。當你這麼做，你提升自己的振動且敞開自己，接收到「大宇宙」。

在你發現你的小我和意識是「靈魂」的創作與表達之前，你的小我一無所知。所有「靈魂」都屬於「神聖一體性」，就連滿載恐懼、盡其所能地與其「靈魂」分離的小我也不例外。請把「靈魂」想成年輕而叛逆的小我最重要的父親或母親，而小我想要立即滿足它的所有欲望並操控它的一切體驗。「靈魂」擁有財力雄厚的資源。在小我同意尊重其父母之前，小我（以及它所代表的人類）可能會體驗到恐懼顯化出來的一切，例如貧窮、疾病、羞愧、自我嫌惡、仇恨自己與他人、寂寞、侷促不安。當小我放棄操控並將控制權交給「靈魂」時，這個人類就會在適當的時候開始體驗到十分輕易自在的人生。

情況可能看似某些小我拿取自己想要的一切，而且如果它們選擇摧毀地球教室，恐怕也辦得到。我們想要向你一再保證，這些小我可以利用恐懼作為他們偏愛的力量，但那很有限。「造物主」設立了邊界，讓每一個小我無論與「靈魂」斷離得多麼嚴重，最終都必須尊重「靈魂」。第一項主要的神性法則是「如其在上，如其在下；如其在內，如其在外」（As Above, So Below, As Within, So Without）。

「如其在上，如其在下；如其在內，如其在外」法則

地球教室的設計旨在擔任一面完美的鏡子。「天堂」（未稀釋的愛）的振動也可以存在於地球上（被恐懼稀釋過的愛）。「天堂」的安詳與慈悲就在你周圍。當你讓自己沉浸在「大自然母親」祥和且令人驚嘆的美麗中的時候，你就在親眼見證「天堂」（如其在上）反映在人世間（如其在下）。這個法則不允許來自下方的任何恐懼污染「天堂」。為了確保這點，地球教室的設計師創造了「星體濾鏡」（astral filter），捕捉恐懼的所有顯化與頻率。這個能量的超級海綿也擔任鏡子的工作，將人類心智與情緒的恐懼反映到地球的環境中。你內在負面或恐懼的念想和情緒（表意識或潛意識的），都會出現在你的「外在」。你的振動一定會鏡映回去給你，成為你在人生中體驗到的一切。根據你的作為、思考、感受的頻率，星體濾鏡會為你吸收某些恐懼。在需要的時候，你傳送到「星體濾鏡」的東西會反映在你的夜夢（尤其是惡夢）之中。

你內在的星體超級海綿是潛意識深淵的浩瀚網絡，你從過去經驗吸收到的恐懼都儲存在此，包括來自父母、祖先、前世的不愉快記憶。潛意識就跟星體濾鏡一樣，是

多孔能滲透的，可以吸引過去和現在來自人類集體和地球教室的恐懼。這塊「如其在內」海綿也吸收由你的小我產生、局限人心的負面念頭與感受能量。假使你曾在滿是不快樂的人們的房間裡待過，你可能會吸收他們的不快樂（同樣地，如果你快樂而充滿愛，那麼你的「如其在內」就被反映出來，於是「如其在外」反映到房間裡）。「天堂」的「如其在上」振動迫使星體海綿吸收恐懼；不過，恐懼並不會區分地球的星體海綿與你的潛意識。許多人類善於心靈感應和同理。他們將他人的負面思維和沉重情緒（「如其在外」）吸收到自己的存在之中，因為他們的潛意識（「如其在內」）有類似振動的記憶。「天堂」裡的天使和其他慈愛存有們經常清理「人類一體」的星體濾鏡和潛意識，然後讓它盈滿未稀釋的愛。這份來自「上方」的幫助提升「下方」地球與人類的振動。

你的「靈魂」的偉大智慧想要進入你的小我。當你與「靈魂」的直覺「真理」連結並好好聆聽得到的指引，你便將「真理」帶進你的小我，改變你在日常生活中的體驗（如其在內，如其在外）。隨著你將每一層恐懼轉化成為愛，你也是在引進未稀釋的愛，填滿恐懼習慣隱藏的空間。當你解除並轉化一層層在你內在製造混亂與苦難的恐懼和負面性，你就幫忙轉化在地球教室上造成諸多毀滅的恐懼和負面性。你選擇盡可能地活在「天堂」的愛之中，這對你人生的各個面向造成巨大的正向影響，而且幫助所有其他人，而那些人承受的苦難遠遠超出你的小我所能領會。

在「大宇宙」中，所有「靈魂」都是一體。假使你把「中央靈魂」想成一座純淨的水構成的無窮大湖泊，那麼湖中的每一滴水都彼此相連且相互觸碰。當一個「靈魂」返回到「中央靈魂」時，就是那滴水再次成為整座湖泊的一部分。每一個靈魂始終保有遠離「中央靈魂」中心時學到的東西，而且每次它返回到「神聖一體性」，都將它的智慧帶回家。這份相互連結性不可能體驗到真實的分離。沒有靈魂是單獨的。每一個靈魂始終包含在「中央太陽」的整體之中，因此，被「神」遺棄是不可能的。在地球教室上，這則「真理」是凝聚你們的教育基礎。讓我們幫助你理解第二項主要的神性法則——「一的法則」（Law of One），它指引和保護地球上的所有「靈魂」及其小我。

一的法則

「造物主」能量的所有粒子都存在於「造物主」體內，就跟你的所有細胞都存在於你身體的邊界內一樣。「神」的能量的所有粒子都相互感應，無論它們在物質空間中相距多遠，而且粒子之間的任何能量分離都是幻覺。對你來說也是如此。你的腎臟立即感覺到你的左耳垂內發生什麼事。如果你不相信我們，請詢問你的身體任何部位的任何細胞，甚至是微小的毛囊，它一定會驗證「天使」們知道的是真相。你是依照「造物主」的形象創造的，而且這個形象是「神聖一體性」。你體內分子之間宛如奇蹟的相互連結性，其運作就像恆星與行星、「天使」與人類之間的相互連結性。我們全都是由「造物主」能量的粒子構成。我們全都活在同一個「大宇宙」之內，而且正是神性法則讓這一切是這個樣子。

當你在自己之內或地球教室上的任何地方感覺到干擾時，「神聖一體性」便將未稀釋的愛傳送到需要的地方，以此回應。當你體內的任何細胞顯示振動下降及生命力喪失時，你體內的每一個健康細胞便傳送能量給振動下降的細胞。「大自然母親」的一切也以振動回應這類下降。當你踢到大拇指的時候，山脈、森林、海洋便開始傳送療癒力給你的腳趾。當任何存有出現任何形式的苦難或地球上任何能量粒子的振動下降時，「神聖一體性」便以幫助回應。當你心甘情願地召喚「神聖一體性」來頒布「一的法則」時，你就有更多的力量轉化創傷或疼痛，包括已經滲透進入潛意識海綿層中的創傷或疼痛。當你改變儲藏在內的苦難，你就幫助所有其他人類轉化他們的創傷，即使他們沒有意識到那個創傷，即使你沒有意識到你正在幫助他們。

許多慈愛且具療癒力的存有已經返回到地球，在人生中的某些時候刻意地承受心智、情緒乃至身體的苦難。這些慈愛存有的「靈魂」明白，他們的疼痛與苦難故事在振動上與「人類一體」中發現的潛意識故事相通。這些隱姓埋名的療癒師，選擇轉化那份恐懼並寬恕自身故事中造成的傷害，因為他們知道，做出這樣的轉化是基於所有相關人等的最大利益。讀者啊，我們感謝你選擇成為這些極其有愛的靈魂之一。

「一的法則」告訴你，當你承認你是「神聖一體性」的一部分時，你就有力量運用未稀釋的愛透過「本源」顯化所有相關人等的最大利益和最高喜樂。即使你的人類自我曾經體驗到巨大的毀滅和痛苦，「一的法則」告訴你，你絕不亞於神。當你持續發現你與生俱來的神性，你累生累世的所有苦難都會被轉化，於是你的所有傷疤被抹去。隨著這份進化發生，它支持所有人類的療癒和進化，無論他們受到多大的損害或陷入多深的恐懼。當你療癒並找到你的美善，「地球母親」便以行星療癒的奇蹟回應，於是「神聖一體性」頌揚歡慶。

當地球的振動提升時，所有能量粒子均受惠。因為能量無法被摧毀，最終只有療癒、轉化、進化在你的「靈魂」旅程的大局中持續。你由能量構成，你必須理解這意謂著什麼。

能量法則

「神」／「本源」／「造物主」／「神聖一體性」／「大宇宙」是未稀釋的愛的最高振動能量。愛是能量的振動，祂創造了以形相和不以形相存在的一切。在地球教室上，就連最陰暗的恐懼之內也蘊藏著愛的振動的記憶。未稀釋的愛有力量中和恐懼，將恐懼的振動提升到未稀釋的愛的振動。我們再次告訴你，恐懼想要轉換振動，想要自由自在。大天使蓋亞（連同「天使界」的所有「天使」們）是振動轉換器，不斷地努力修復斷連和不覺知的小我。我們邀請你將你的最高振動加入我們的能量，協助我們將恐懼轉化成為愛，造福全體。

雖然能量無法被摧毀，但你可能會感覺好像自己正在損失或浪費你的能量。思想和情緒由能量構成，當你思考低階振動的想法時，即使你沒有覺知到自己正在想什麼，也可能會損耗你的能量。被埋藏或忽略的情緒也會消耗你的能量。強迫自己為了賺錢謀生而做著讓你不快樂的工作會消耗你的能量。任何感覺好像勞動行為而不是愛的行為的活動也同樣消耗你的能量。

好消息是，你恢復能量的速度甚至比失去能量的速度快。心懷感恩與善意、好好感受情緒、寬恕過去，幫助你重新獲得能量。擁有樂於發揮創意的職業，支持你將能量的振動提升到「中央太陽」的振動。尊重「地球母親」以及她的所有居民（包括你自己），將會提升你的能量振動，自動地為你召來能量。日常生活中這些簡單的動作都會為你帶來更多的能量。

時間與金錢並不是「造物主」的能量；不過，時間與金錢可以隨時反映你的振動的所在位置。觀察你如何過日子並詢問自己是否有智慧地運用時間，可以顯示你的能量狀態。金錢也是同樣的道理。關注你對金錢有何看法，以及注意在涉及接收、賺錢、支出、或付出金錢方面是否有恐懼存在，可能對你有所幫助。人類曾被他人教導說，浪費時間等於花費金錢，以及花費金錢等於浪費時間。我們要說的是，以使你不快樂的方式賺錢必會耗竭你的能量。你也可能會感覺好像那事占據你太多時間。以使你感覺自己在某方面有所欠缺的方式花錢可能會使你感到枯竭或焦慮。在你的心智和人性中保有未稀釋的愛的振動，可以幫助你感覺你有比較多的時間，也可以幫助你信任，當你需要的時候，你總是會得到你需要的東西。

金錢可以成為重要的工具，用來了解未稀釋的愛的價值。塵世體驗的一部分是嘗試用金錢替代「神」，看看金錢能否為你帶來需要的一切，從而茁壯成長，成為平衡的人類。把生活過得彷彿愛的價值不如金錢是要付出極大代價的，而且會迅速降低你的振動和你的自尊心。你是否曾經受到誘惑，進而相信擁有財富和地位（或沒有財富和地位），可以決定你的自我價值和你對他人的價值呢？最終，這類潛意識和表意識的評估導致你的能量振動迅速下滑，於是你會感覺到好像自己正在耗損能量。

覺知到你如何被時間和金錢操控，可以幫助你對自己的能量振動的狀態負起責任。當你的振動下降時，你進一步遠離「天堂」的振動。在振動上遠離「天堂」等同於陷入低階的恐懼振動。你的能量的振動有磁性，而且「神聖一體性」會感覺到它。你自然而然地吸引與你的振動相符的體驗和情境。你需要最高振動的能量吸引你所渴求的東西，這也符合「一的法則」。保有未稀釋的愛的振動將會幫助你感覺好像你擁有更多的時間，幫助你在金錢或任何其他資源方面接收到你所需要的一切。這聽起來很熟悉嗎？天使們將地球教室最著名的法則——「吸引力法則」（Law of Attraction）——視為實際上是三項神性法則協同運作。

請求從「神聖一體性」接收未稀釋的愛進入你的人性的每一個原子，這創造奇蹟，吸引「天堂」的豐盛流動進入你在人世間的日常生活。你對「大宇宙」的要求越多，「神」就越會為你提供你要求得到的東西或好上許多的東西。從你的人類視角看，向「造物主」請求你的日常必需品，例如金錢、雜貨、你喜愛的工作，可能感覺不太正常。然而，你越常這麼做，加上轉化自己內在的恐懼，你的顯化就會變得更有效率，你也會感覺比較快樂。

自然而然地期待你的需求將由別人來滿足，是在嬰兒時期建立起來的，因為嬰兒期待父母照顧它們。當父母無法提供嬰兒感到安全、被愛、快樂所需要的東西時，這個人類就會帶著懷疑感開始自己的旅程。當嬰兒日漸成長，這個美麗的「神」的孩子（**child of God**）可能會將生存的失望和恐懼轉向內在，開始懷疑自己的價值，相信自己比較渺小，因為沒有得到需要的關注和情感。這些念頭和感受很快地降低一個人類的能量振動，而且逐漸吸引更多同樣的失望、忽視、恐懼的故事。當這樣的人類長大成人，人生不安全的體驗可能會變成固定不變，他們可能會認為自己很匱乏，或將自己視為因為被欺騙而失去美好人生的受害者，沒有力量改變自己的處境。

要記住，恐懼會放大並製造更多的恐懼，除非它被愛轉化。愛永遠是你需要的療癒力量，可以使你的人生立即擺脫恐懼的幻相，回到比較高階的振動，那會為你帶來你想要的事物，而不是更多你不想要的東西。

我們的使命是教導你如何由內而外提升能量的振動，以及向「本源」請求得到你所需要的一切。我們將會為你的發現照亮前路，找到人類集體的恐懼隱藏在你內在的哪些地方。幫助你解除苦難和無價值感等老舊故事的振動，讓你思考向「神」請求你所需要的一切，甚至是接收到超乎你的預期的事物。這套運用「吸引力法則」的「十二大天使」方法完全聚焦在提升你的振動。關於你的振動，實際內容遠遠超乎你可以領悟的。我們理解人類的小我如何希望結果立竿見影，而接收到「本源」的最快速方法是：讓你的小我完全臣服於活在你之內的神聖小孩的智慧。你的神聖內在小孩是你的真實本質，在未稀釋的愛的頻率上振動，無論你今生或任何其他前世的人類童年體驗到什麼。當你對你的神聖內在小孩的信任不斷增長，你就會以你需要豐盛具體顯化的一切方法，自然而然地將「天堂」的豐盛吸引到你的實相中。當你落實臣服於你的神性，「人類一體」便透過你覺醒。你可以確信，你將會體驗到令你大為震驚的奇蹟。什麼是真實的奇蹟呢？奇蹟是「大宇宙」的神性法則，透過你的神聖內在小孩與「天堂幫手」（Helpers in Heaven）團隊，為你的利益和進化而運作。

冥想練習 2

新的開始

閉上眼睛，想像你正注視著鏡子中的自己。微笑著回看著你的那張面孔是五、六歲左右的你自己。

你專注聚焦在就是你的這個小孩的雙眼，說道：「你是純粹的愛，屬於神的心。」重複這句話，直至你感覺到逐漸融化且欣然愉悅的體受感盈滿你的身體為止。然後說：「神聖一體性，『我本是』（I AM，譯注：意指我的本性）未稀釋的愛，由內而外，而且『我本是』正在呼喚我，基於我的最大利益和最高喜樂。『我本是』願意進化成為更完整的人類，而且透過『一的法則』，我渴望所有其他人類和地球母親的一切都可以因為我的進化和自由而受益。」

第2部

提升你的振動

當恐懼誘惑你的時候，要說，不，謝謝你，恐懼。
我寧可把能量投注在接收豐盛啊！

——「中央太陽」的「十二大天使」

第3章

財富的定義

我們並不將財富定義成使你的小我感到有保障的賺錢能力。財富是你接收「本源」的能力，使你得到可以感到安全、健康、自由、快樂所需要的一切。真實而持久的財富來自於「中央太陽」，透過你的「靈魂」到達你。你的「靈魂」有取之不竭的財富，化為有創意的聰明才智傾注到你的人類經驗中，而且當你的小我好好聆聽你的神聖內在小孩，你就準確地學會如何將這份天才導入你的塵世經驗。隨著你的創意，才智轉化成為對地球教室上全體的最大利益有所幫助的事物，你所渴望顯化的東西（或更美好的事物）就被賦予給你。「中央太陽」（透過你的「靈魂」）絕不會否認你的神聖內在小孩。我們請求你在心中重複這點：「中央太陽，透過我自己慈愛而慷慨的靈魂，絕不會否認我所渴望且符合我的最大利益和最高喜樂的事物。」

你的神聖內在小孩是內在的「自性」，不會被恐懼所誘惑。這個「自性」是你的

「靈魂」的溝通師，當你的小我和人性陷入局限和匱乏之時，它運用以「心」為中心的神性之愛與信任的力量，提升你的心智和情緒能量的振動。這個神聖內在小孩需要持續不斷且始終如一的「未稀釋的愛」燃料，那來自「靈魂」，以這個小孩的父母（神聖女性和神聖男性）的形式存在。這三個最高振動頻率——無條件的愛（神聖內在小孩）；安全、保障、創意（神聖女性）；正向的行動、清明、專注（神聖男性）——就是「本源」（「靈魂」），它在你待在地球教室期間照顧你。你可能會體驗到大量的希望和新的覺知，使你擺脫陰暗的心情。這是你的神聖內在小孩、神聖女性、神聖男性在行動。

你的神聖內在小孩也是你的「天堂幫手」團隊最值得信賴的信使。「靈魂」透過神聖內在小孩表達純真、直覺感、信任，而且這個「自性」是象徵性的靈性之「心」，也是你的人性的「如其在上」。你的神聖小孩的母親是「大宇宙」的「神聖母親」（Divine Mother），也就是「母父神」／「造物主」／「本源」的陰性面。「大宇宙」的「神聖母親」，與你的神聖內在小孩一起，提升你的能量振動並接收未稀釋的愛，然後顯化成你的人性需要和想要的事物。當這份接收來自「神聖母親」時，你的小我無法阻止。你會看見什麼顯化在你的塵世生活中呢？神聖內在小孩，與「大宇宙」的「神聖母親」一起，將會接收基於你個人的最大利益和最高喜樂的事物，以及基於「神聖一體性」的最大利益和最高喜樂的事物進入你的人生。

你的神聖內在小孩希望囊括財務自由作為你的財富的重要部分嗎？我們要說的是，是的，當然，但是不要財務太過繁榮，繁榮到你被金錢和獲得的東西困住，忘記你的喜悅和自由的真正「本源」。人類用金錢替代神性之愛，那可能會上癮，相信金錢將會賜予你那份愛以及成為知足的人所需要的其他一切。「真理」是，只有未稀釋且始終如一的愛才能做到這事。

「靈魂」提醒你的小我，真正的財富是讓你的小我仰賴「靈魂」的能力，接通「大宇宙」的「神聖母親」的能量，然後接收你需要的一切。我們建議你開始一項每日練習，今天就邀請「神聖母親」和你的神聖內在小孩接收持久的財富進入你的實相。你如何提升你的能量振動並獲得豐盛呢？讓我們介紹你認識「大宇宙」的「母父神」以及「神聖母親」和「神聖父親」（Divine Father）美麗、歌唱的色彩。這些未稀釋的愛的療癒色彩，與你的脈輪、最高振動能量的電池、「中央太陽」的光芒是同一回事。

第4章

「中央太陽」的歌唱色彩

「母父神」既是情緒聲音（歌唱）又是念想之光（色彩）。「造物主」運用「中央太陽」最高振動的歌唱色彩光芒來增長和照顧「大宇宙」。未稀釋的愛的光芒從「中央太陽」／「靈魂」（「神聖一體性」的「心」）傾瀉而出，以無限的鑑賞力呈現，於是「天使界」運用這些光芒作為畫筆，浸入不同的色彩，創造新的場景。我們酷愛創造新的恆星系統以及有茂盛植被和美麗生命的行星。你希望運用「中央太陽」的色彩與我們一起學習如何繪畫嗎？來吧，我們將會向你展示如何創造什麼都不缺的嶄新人生。我們會教導你如何繪製一扇將你連結到「本源」的出入口，讓你運用每一個念頭和感受敞開來接收更多。

從「本源」接收神性之愛的接收器稱作「脈輪」（chakra），而且這些接收器存在於一切「造物」之中。當一個人類觀想脈輪色彩或將該脈輪的意念保留在自己「心」

中時，能量就被啟動且開始擴展和增強。雖然脈輪有各式各樣的色彩，多到小我難以理解，但是將脈輪體驗成彩虹的原色可能是最容易的：白色、紫羅蘭色和紫色、藍色、綠色、黃色和金色、珊瑚色（coral）和橙色、粉紅與紅色。你可以透過觀想心輪的色彩——祖母綠色（emerald）——與你的神聖內在小孩連結，然後透過觀想海底輪的寶石紅色（ruby red），接收到「大宇宙」的「神聖母親」。

透過脈輪學習運用「中央太陽」的能量，你可以為自己以及「人類一體」促成深度的轉化與療癒。我們將會教導你如何恢復你的陰性面（幫助你接收）、重新平衡你的陽性面（幫助你更有效地集中你的能量），以及創造快樂的童年，無論你現在幾歲（連結你的小我與你的神聖內在小孩，以及轉化隱藏在你的潛意識裡的傷害）。

下列幾節描述脈輪在身體中的位置，以及每個脈輪內含的未稀釋的愛的色彩與品質。

第八脈輪

人體中的位置：位於你的頭部上方三十到六十公分處

色彩與品質：白色和白金色帶來提純淨化和清洗滌淨的品質，有助於提升製造匱乏之的潛意識包袱。

第七脈輪

人體中的位置：位於頭頂

色彩與品質：紫羅蘭色、紫色、薰衣草紫色帶來寬恕、接納、放下的品質，而且將恐懼轉化成為愛。紫羅蘭色火焰或頂輪能量非常強而有力，強大到它可以抵達困陷在分子層次（DNA）的祖傳恐懼。

第六脈輪

人體中的位置：位於前額中間的第三眼（有直覺力）

色彩與品質：紫紅色（fuchsia，譯注：與洋紅色 magenta 很像，但通常，fuchsia 偏紫，magenta 偏紅）加上少許靛藍（最深的藍色）帶來智慧與「真理」的品質，以及超越世俗世界的清明視覺、知曉、聽覺、感應。觀想這種歌唱色彩，有助於與直覺和創意這對孿生姊妹交流。這對象徵性的姊妹是「大宇宙」的「神聖母親」的女兒，幫助你的小我理解來自你的「靈魂」、最終將會顯化出自由的創意天才想法。

第五脈輪

人體中的位置：位於喉嚨

色彩與品質：寶石藍色（sapphire blue）、鈷藍色（cobalt blue），寶藍色帶來力量、勇氣、正義、尊重、專注、最高振動的「意志」、神聖男性的品質。也稱作「意志」（Will）脈輪，這個脈輪的能量帶來大天使麥可（「真理」與最高「意志」）和大天使維多利亞（Archangel Victoria，神性正義與尊重）。這兩位「天使」協助清理謊言以及負面和局限性地依附於過去。

第四脈輪

人體中的位置：位於你的心臟

色彩與品質：明亮而清晰的綠色帶來無條件的愛、靈性成長、「信任」、覺醒、療癒、對自己與「神聖一體性」的信心、尊重存活在你的人性之內的神性等品質。藉由觀想綠色來啟動這股能量，同時好好感覺浩瀚的愛的振動在你的人類心臟之中，這使你與你的神聖內在小孩立即置身在「天堂」的祖母綠色花園內。這座聖殿送給你一處安全的地方，適合最深層的療癒以及與你的「天使」和「指導靈」（spirit Guide）們交流。

第三脈輪

人體中的位置：位於太陽神經叢

色彩與品質：陽光黃、亮金色、金色閃光帶來快樂幸福、個人力量、自尊心、尊重、自信、勇敢、生命力。這個脈輪與其他脈輪的能量混合，從而增強能量。舉例來說，站在白金色能量瀑布中很奇妙，使你的人類皮囊盈滿「中央太陽」純淨、未稀釋的愛。將神性之愛的金色閃光添加到頂輪的紫羅蘭色火焰能量，可以在釋放掉不值得接收的事物時，喚起自尊心。

第二脈輪

人體中的位置：位於肚臍正下方

色彩與品質：珊瑚色、珊瑚粉色、各種橙色色度、鮮紅色帶來「靈魂」的創意表達、創意天才、創造熱情、療癒「性侵害」、小我解放能量。珊瑚色是這個脈輪善於接收的陰性色彩，橙色則是這個能量中心活躍的陽性「聲音」與「光」。請求這個「靈魂」脈輪，點燃你的創意天才以及「靈魂」驅動的靈感，就顯化使你的神聖內在小孩欣喜以及為你的小我提供保障的職業而言，這點必不可少。

第一脈輪

人體中的位置：位於脊椎底部

色彩與品質：寶石紅、深粉紅寶石色（deep ruby pink）、洋紅色（magenta）、栗紅色（maroon）、鮮紅色（scarlet）的「聲音」與「光」，使你的人性的每一個細胞盈滿無條件的接納、無條件的認可、撫慰人心的愛、情緒保障和人身安全，以及透過神聖女性和「大宇宙」的「神聖母親」接收的能力。這個第一脈輪或海底輪使你扎根接地於「大天使蓋亞」的中心。蓋亞有另外一個「地球母親」的身分。看見你自己浸泡在一座紅寶石色（ruby）的湖泊中，同時以一只金杯飲用紅寶石色能量，那將會迎進「大宇宙」的「神聖母親」的大量慈愛能量。觀想紅寶石色的愛使你扎根接地，打開你的人性，接收到「本源」。需要「神聖母親」的能量才能接收使你在地球上感到安全和有保障的一切。當你渴求充滿愛的關係、身體健康、幸福快樂、機會、金錢的時候，就需要她的能量。海底輪的紅寶石色沿著你的靈性脊椎上行，與第五脈輪（「意志」脈輪）融合。這兩股能量一起創造出紫羅蘭色火焰，也就是你的頂輪的能量，用來轉化你的潛意識，在你之內為幸福快樂騰出空間。因為神性法則「如其在上，如其在下；如其在內，如其在外」，你內在的豐盛必須在你的外在實相（日常生活）中顯化成為財富。

第八與第五脈輪色彩融合

天藍色帶來清晰溝通、直覺流動、心智平靜的品質。混合第五與第八脈輪的色彩創造出某種歌唱之光（singing light），不僅緩和焦慮，而且幫助直覺訊息轉化成為你的頭腦可以理解以及你的「心」可以感覺到的文字或言辭。觀想這個色彩迎進溝通大天使加百列。加百列的另一個身分是「水星」，祂協助聆聽你的神聖內在小孩與「天堂幫手」們。

第五與第四脈輪色彩融合

綠松色（turquoise，譯注：一種綠色，介乎藍綠之間）與水色（aqua，譯注：藍中帶綠、綠中帶藍，像水一樣的顏色）帶來快樂作夢、自由、成功的品質，以及顯化喜悅與滿意。這些歌唱色彩的組合迎進「大天使麥達昶」（Archangel Metatron）。麥達昶的另一個身分是豐盛的吉星「木星」。麥達昶與加百列協助連結你的陰性直覺心智與「神」充滿點子想法的無限夢想領域。使你的整個存在溢滿這份強而有力的愛的能量，這大大幫助在地球上顯化「大宇宙」的財富。

所有脈輪

無論你年齡多大，彩虹色、乳白色、萬花筒色都帶來接收和顯化快樂的童年。彩虹色的「聲音」與「光」是整合所有七大脈輪以及雙腳底下和頭頂上方的脈輪，將你的「靈魂」連結到「中央太陽」。將你自己與你的神聖內在小孩包裹在彩虹色神性之愛的毯子裡，那會使你的小我、「心」、「靈魂」完美地相映契合，為你的整個存在帶來平靜的滿足感。

我們歡迎你打開你的創意想像力，躍入「天堂」的內在界域。我們分享若干工具，幫助你在日常生活中運用未稀釋的愛的療癒品質。這些工具強而有力，你越常使用它們，就會越快體驗到你的人生如何變得更好。假使你無法觀想這些色彩，千萬別擔心，反而要運用你的意念召喚你需要的脈輪能量。感受到神性之愛能量的好處等於是使你得自由，而且你越常練習，就會越深層、越浩瀚地體驗到「中央太陽」的奇妙轉化「力量」。

冥想練習 3

讓彩虹能量擁抱你

閉上眼睛，深呼吸幾下，直至頭腦清明為止。

說道：「天使們，讓我看見置身在天堂裡是什麼樣子。」

帷幕升起，你進入花樹盛開的魔法景象。花朵呈現各種彩虹色澤。漫步在花樹間，享受花瓣觸碰頭髮和肌膚的柔軟感。這些花瓣由神性之愛構成，於是你被「大宇宙」的「天使」們澆淋著。

張開嘴，讓一片花瓣落到你的舌頭上。它嚐起來就像你最愛的味道，你品嚐那個味道，身體感覺非常輕盈而自在。

花樹開始在看不見的微風中輕輕搖曳，而花朵的花瓣飄向你上方的天空。它們混合在一起，一塊兒旋轉，與「中央太陽」的光一同閃耀。

天空中閃爍的彩虹能量創造出一層善意與慈悲。它輕輕地由天而降，溫柔地包裹著你。你的這層新氣場與你十分契合。要允許「大宇宙」／「神聖一體性」的「母父神」／「造物主」的安全、保障、無條件的愛，使你盈滿自尊心以及讚美頌揚你的勇氣，你是最奇妙的人類，由「聲音」與「光」構成。

邀請你穿上歌唱色彩的彩虹外套，提升你的能量的振動。當你邁出我們的下一步，接收到「本源」就會變得比較容易，那帶領你更加深入你的「自性」。當你請求重建自己的陰性面，讓她可以重建你的陽性面並使你的大腦進入新的平衡，你就會快速地發現，你的心智不是你自己的。當你的心智完全與你的「心」和「靈魂」連結時，它就成為敞開的出入口，將你連結到「天堂」的浩瀚資源，在那裡，恐懼無法存在。當你落實讓你的陰性面帶領前進的道路，你的外在實相將會變得更好，而且你會發現你有更多快樂的日子。接下來讓我們護送你穿過你的頂輪的紫色門，進入你的「陰性腦」（feminine brain）。這扇門不是虛構的，而且每次你跨過門檻、走過紫色門，它都會改變你。

第5章

紫色門

「紫色門」是位於腦部胼胝體（corpus callosum）區域內的象徵性開口。當心智因心輪無條件的愛和「信任」而扎根接地時，紫色門便連結陽性的邏輯理性腦與陰性的直覺創意腦。「心」的能量是祖母綠色，為什麼我們卻說這扇門是紫色呢？當人腦以最佳振動運轉時，頂輪的紫羅蘭色火焰能量便流入頭腦和神經系統，取消恐懼的情緒反應以及「如果出了問題，該怎麼辦？」的想法。紫羅蘭色火焰是完美的平衡，混合了最高「意志」（寶石藍色）與情緒保障和人身安全（寶石紅色）。將少許來自眉心輪（掌管直覺）的紫紅色注入紫羅蘭色火焰，便創造出美麗、濃厚的紫色。

當紫色門流暢運轉時，它敞開來，通向「心」的祖母綠色草坪，於是你由此進入「天堂」。「靈魂」監督著能否進入紫色門。可以確信的是，當你滿腦子操控時，紫色門便消失，直至你心甘情願地臣服於「靈魂」為止。你的神聖內在小孩知道哪裡找得到真正的紫色門，但不幸的是，可能有冒牌紫色門。真正的紫色門保持在未稀釋的愛的振動上，而冒牌紫色門則被恐懼污染，通向「星光界」（astral realm）或所謂的小我「心魔之境」（shadowland）等低階振動場景。

高階振動的陰性腦

每一個人類的腦子都既有陰性面（善於接收、情緒、創意、直覺）又有陽性面（邏輯、理性、善於分析、任務導向）。對人類來說，可悲的是，陰性、直覺、創意的腦子（直接通向「神」的天才的「超意識」）不太受歡迎，也很少使用。雖然通向你的陰性腦的那扇門在童年早期敞開著，但是隨著小我日漸發展，來自成年人和大孩子的壓力迫使那扇門關上了，好讓你符合負責任的理智人類應該要知道如何與他人分享的模式。為了被別人認為成熟而聰明，你被教導要關上通向魔法世界的紫色門，而那扇門只有透過陰性腦才能進入。你被教導只信任可證明的有形事物。假使可以用眼睛看見、以嘴巴嚐到、被身體感覺到、經由科學事實證明，那就值得信賴。陽性的邏輯腦表示，要明白懂事，然而在振動處於低檔時，陽性腦（masculine brain）並不鼓勵採用你所擁有最強大而誠實的感官：你的直覺與創意想像力。

走過紫色門使你與「神」的無限資源連結，而「人類一體」的潛意識卻相信這多半是被禁止或虛構的事。「天使」們會告訴你，選擇相信你生活在陽剛、可證明、「具象」的世界會導致貧窮、悲慘、不公平。要相信紫色門的真實性，然後那扇屬於陰性腦的門才會因為鉸鏈運轉順暢而自行打開。你越常步入那片祖母綠色的草坪，就越容易讓你的小我與「心」連結。

當你運用陰性腦以及直覺和創意這對孿生姊妹時，在日常生活中創造豐盛便發生得自然而然、渾然天成。感恩並承認「大宇宙」的「神聖母親」、你的神聖女性、神聖內在小孩，這幫助你透過紫色門直接接收到「本源」進入你的塵世生活。紫色門是能量漏斗，也是神奇的振動轉換器，因為運用這扇門可以將你的空籃子提升到「母父神」可以輕易填滿它們的地方。

陰性腦是「心」的聖殿之所在。當你獲准按照「造物主」設計的陰性腦運轉時，你覺知到你是「神」，化身成為人形。陰性腦將你與「天使」們、「地球母親」、你的神聖內在小孩、你的創意天才連結在一起。當陰性腦應邀帶路時，它使你的小我和陽性的邏輯理性心智擺脫恐懼，而且將它們置於恰當、未稀釋、專注聚焦的愛的振動之中。它們一起指引你的塵世生活向前邁進，脫離局限的過去，進入此時此地，當你的小我仰賴你的陰性面指揮你的人生時，情況只會變得更好。運用陰性腦的浩瀚寶藏也培養起年輕朝氣的人生觀，使你今天有信心，相信自己有無限的力量，可以創造快樂的童年。讓我們打開紫色門，提升你的振動，然後好好接收。

冥想練習 4

跨過紫色門

閉上眼睛，深深吸氣，然後完全吐氣。將你的心思完全集中在吸氣和吐氣上。重複，直至你感到平靜且頭腦空盪盪為止。

說道：「感謝祢們，我的心的神聖內在小孩以及大宇宙的神聖母親，以中央太陽的歌唱色彩為我繪製一扇紫色門。」

看見你自己走到一扇頂端有高聳拱形的高大紫色門前。看著那扇門，將你的非慣用手（通常不用來寫字的那隻手）放在閃閃發亮的彩虹水晶門把上。感覺到門把酷涼酷涼。深吸一口氣，感覺到未稀釋的愛的喜悅能量流入你的手掌。

打開門，踏進一片燈火通明的祖母綠色田野，上方是綠松色的清朗天空。向你的神聖內在小孩大喊。請求內在小孩躺在你身邊感覺宛如天鵝絨般青蔥茂盛的祖母綠色草地上。蓋亞母親的「心」的草地（與「造物主」的「心」結合）十分柔軟且撫慰人心。伸出手，握住你的神聖內在小孩的手，說道：「向我展示你所知道的豐盛喜悅。教導我如何寬恕過去，將你希望我體驗到的快樂童年化為實相。我感謝你。我承認你是真實的，而且我謙虛地請求得到你的幫助。」

感覺到「中央太陽」的金色光芒，使你的人性的每一個細胞盈滿幸福快樂與愛。從今以後，人生只會越變越好。

體驗天堂的療癒聖殿

走過紫色門可以轉換你的「表意識心智」（conscious mind）的振動，使你能夠自由地進入位於你的心輪內的「天堂」聖殿。在此，你首先與神聖內在小孩連結，一起盤點你的能量。每一個人類都需要擁有「神聖母親」的流動噴泉，它是安全、保障、無條件的愛、接納的紅寶石色能量。你也需要其他流動噴泉，包括正向關注、真正的情感、承認、幸福快樂、信任且對自己的「自性」有信心。建議你保持神性之愛的噴泉不斷流動，才能確保所有其他能量噴泉滿盈。神性之愛噴泉使你的人性盈滿你需要感到自信的一切，而且是的，你確實擁有不可否認的能力，可以從匱乏邁向財富。不斷查看你的能量噴泉且確保你待在神性之愛的流動中，將會大大地幫助你將你的能量振動保持在它需要在的地方。

在心輪的魔法世界中，你的神聖內在小孩可以創造這些讓你在其中補充和轉化的奇妙噴泉。在祖母綠色的草坪內，你可以沉浸在心輪青蔥翠綠、渾然天成的鑑賞力之中，它們喜悅地歌唱並提振你。心輪同時使你扎根接地於「地球母親」。一旦你感覺復原了，就可以與你在「天堂」裡的「天使」、「指導靈」、「老師」們相會，學習此時此地你需要知道的一切。

在能量噴泉中復原

閉上眼睛，微笑，呼吸。你即將體驗到真正驚人的事。説道：「感謝祢們，我的心的神聖內在小孩以及大宇宙的神聖母親，以中央太陽的歌唱色彩為我繪製一扇紫色門。」

走過紫色門，進入你的「心」的祖母綠色草坪。

看見你的神聖內在小孩，他在大地的一系列坑洞旁邊等候著你。這些坑洞將會成為流動的療癒之愛噴泉。視線越過空盪盪的坑洞看向遠方，説道：「造物主，讓我看見我的財富吧！」一道巨大的彩虹能量漩渦將會從天空和下方的大地出現，結合在一起。

留神觀看你的神聖內在小孩走向彩虹噴泉，而且讓你的茶杯裝滿神性之愛。看見內在小孩拿起茶杯，將杯裡的內容物倒進第一個坑洞內。與內在小孩一起説道：「大宇宙的神聖母親，與我的靈魂的神聖女性一起，使我盈滿祢們無條件的愛、安全、保障、接納。」留神觀看美味的紅寶石色噴泉從地下升起，直達天空。從口袋裡拿出那只茶杯，飲用這座噴泉的水。味道嚐起來宛如你最愛的紅色果汁。飲用那水並說道：「感謝祢們，神聖母親與我的神聖女性，使我的每一個細胞盈滿祢們的安全、保障、認可、接納、愛。我非常感恩，可以接收到這份滋養。感謝祢們，神聖母親與我的神聖女性，讓身為人類的我接收到茁壯成長所需要的一切。我允許啊！」

留神觀看紅寶石色噴泉逐漸變得十分巨大且強而有力，於是能量開始流入下一個坑洞。能量以亮綠色和陽光金的美麗歌唱色彩從地面升起。

與你的神聖內在小孩一起站在噴泉裡，說道：「感謝祢們，靈魂和造物主，使我盈滿對自己的信任與信心，以及得到祢們全然支持和指導的信任與信心！」

感覺到這座綠色和金色能量的噴泉逐漸變大，大到它滿溢出來，進入另外一個坑洞。牽起你的神聖內在小孩的手，跳入那座祖母綠色的池子。

說道：「我召喚我的個人力量以及作為神性存有的價值回到我身上！」從坑洞湧出的是大量有黃色與金色閃光的歌唱之光，而且這座噴泉流向極高的天際，融入「中央太陽」。「中央太陽」將一道神性之愛光芒送進這座噴泉，於是那道垂直的流動變寬，衝進你身體的每一個脈輪，甚至是雙手手掌和雙腳腳底的能量中心。你的神聖內在小孩好愛這股強大能量帶來的幸福和喜悅。說道：「我召喚我的個人力量、自信、作為造物主的神聖小孩的價值融入我的人性啊！」這座黃色和金色噴泉擴展進入下一個坑洞。這一次，能量以生氣勃勃的綠松色從大地升起，而且其內有一陣陣的金光閃爍歌唱。與你的神聖內在小孩一起站在這座噴泉裡，說道：「感謝祢，神聖一體性，使我盈滿自由。我允許啊！」

於是這座綠松色和金色的自由噴泉突然變大，流入下一個坑洞。與你的神聖內在小孩一起，留神觀察寶石藍色的能量直接向上升起，成為一座閃閃發光的高大藍色保護塔。

深吸一口氣，說道：「我臣服於我的最高意志。我渴望了解我的真理，而且有活出它的勇氣和自尊自重。」踏進「大宇宙」的「神聖父親」的噴泉，沉浸在這份真正承認你的本真自我之中。好好感受那份保護，邀請那股能量移除掉你頭腦內的所有疑慮。

眺望遠方，發現「中央太陽」的彩虹漩渦現在已經擴展到與你面前的所有噴泉融為一體。當它們變成一座大噴泉時，要站在「造物主」未稀釋的愛之中，說道：「感謝祢，母父神，使我盈滿最高喜樂的快樂童年能量。我請求得到我的快樂幸福，而且我感恩地接收。我信任一切必會以符合我的最大利益和最高喜樂以及符合所有相關人等的最大利益和最高喜樂的方式來到我身邊。」

從「神」的噴泉踏上青蔥而柔軟的青草。「本源」的能量已經轉化成為美麗的樹木和芬芳的花朵，出現在你的「心」的花園中。

邀請你的「天堂幫手」團隊、你的「天使」和「指導靈」們，踏進你的聖殿，迎接你。

「天使」們以清晰的直覺思維溝通交流。要有耐心，好好呼吸，好好聆聽。祂們在這裡是要幫助你完成提升振動的下一步。

第6章
不斷留意恐懼的老先生與老太太

因為你正在地球教室四處旅行，所以你同意奉恐懼為師。恐懼的意圖是使你的小我沉睡，不與「靈魂」契合相映。昏昏欲睡的小我很容易相信，他很無助，無法顯化資源，因為「母父神」並不存在地球上。存在的只是昏昏欲睡的小我，如果小我希望活下去，就必須獨力完成每一件事，保持掌控全局。我們介紹你認識恐懼的偽裝，你會在自己內在和你的外在世界找到他們（如其在內，如其在外）。我們將這些不友善且不尊重你的能量的竊賊，稱作恐懼的老先生和老太太原型。這個老先生和老太太中的「老」字意指，他們年代久遠，影響著人類的思考和感覺回應。假使你喜歡，稱他們是雄恐龍和雌恐龍也行。他們是擔心害怕的思維和最低振動的情緒，也是你的小我最聰明且最嚴厲的老師。他們不斷地誘惑你陷入恐懼，把自己視為受害者，不夠好、不夠聰明或不夠堅強，無法活出成功順遂且令人滿意的人生。

如何讓你的小我保持在神性之愛的振動上？

我們請求你保持警覺，留意恐懼老先生和老太太原型的入侵，以及他們時常考驗你、誘惑你的負面性。這些原型代表低階振動的念頭、思維模式或習性、負面感受、情緒，這些使你分心，無法走過紫色門。就連在你跨過紫色門的門檻，進入你的「心」之後，這些狡猾的心智聲音，以及令人不知所措、緊緊揪著的情緒也能夠製造分裂。你可能會陷入懷疑、迷惑、羞愧，直至你完全覺知到這些沉重的振動感覺好像什麼為止。我們鼓勵你，每次想要進入腦中陰性、直覺的部分時，始終要與你的神聖內在小孩連結，他住在你的「心」的聖殿之中。你的神聖內在小孩總是會告訴你，你的直覺知曉和感應是否清明，因為「心」比你的小我更早知道，你是否準備好且願意聽見「真理」。

讓我們告訴你更多關於這些財富小偷的資訊，以及他們如何只運用某種操控的念頭或一股悲傷便引誘你重新陷入匱乏之意識。

恐懼的老先生

善於操控和評斷的恐懼老先生原型，住在陽性腦中理性分析和專注於任務的部分。他是有壓力的心智聲音，批判挑剔，令人生畏。他督促你按時完成任務、保持掌控全局、要評斷自己和他人，而且他認為無情的競爭激勵你把事情做得更好。他操縱你，要你相信，他的思考方式和行為舉止保護你的小我和你的人生免於改變。他酷愛發號施令，喜愛差遣你，好讓你持續走在正軌上，持續懼怕權威。面對問題時，他合乎邏輯且看似有理有據的抱怨和觀察，可能聽起來令人信服。當你達不到標準，無法與另一個人較量時，他讓你知道，而且他鼓勵你，絕不要滿意於自己取得的成就或獲得的東西。他的影響力會告訴你，絕不要質疑或對抗權威，無論對方是對是錯，而且要堅守現狀，謹慎行事。他的批判可能會使你想起自己的父母或過去其他善於支配的權威人物。

當你在頭腦中聽見批判的思維，聚焦在你尚未達成的一切，而且指出你需要去做但還沒有執行的一切時，請體認到這是恐懼老先生的聲音。這位要求嚴苛的皇帝說出「有所不足」這個引發恐懼的負面語言。他不斷地重複說出大批善於評斷的思維，強烈要求所有脆弱的小我瑟瑟發抖，服從他的權威。這個小我的上司總是會告訴你，要多做些你目前做得不夠多的事，才能在男人的世界裡成功。

這個善於操控評斷的老先生沒有地方發揮創意、直覺、想像力或滿懷希望。對他來說，這是胡言亂語，不切實際。假使你不讓這個小我的父親閉嘴，他可能會為你做出選擇。他可以立即讓你相信，向「大宇宙」求助，尤其是向「天使」和「天堂幫手」們求助，期盼接收到你所需要的事物，是軟弱的行為，也是浪費寶貴時間。他告訴你，只要更善於操控你的人生即可。你親眼見證過全球級的恐懼老先生原型在世界舞台上耍花招嗎？我們看見他尋求權力和操控，以階級父權體制的身分支配許多宗教、公司、世界政府。「中央太陽」的任何歌唱色彩都可以使他化為塵埃，何況他尤其不在乎頂輪的能量（紫羅蘭色火焰）、眉心輪的能量（紫紅色歌唱之光）或海底輪的能量（紅寶石色火焰）。

恐懼的老太太

當小我不完美的時候，善於操控評斷的恐懼老先生就會召來殘廢的恐懼老太太原型，使你的頭腦和身體充斥著罪疚、羞愧、無助、焦慮。恐懼的老太太鼓勵你成為沉默寡言、忽略自己的僕人，隱藏心中的憎恨與嫉妒，儘管你又恨又妒那些擁有你想要卻沒有的東西的人們。這位負面的內在母親要你被自我嫌惡和無價值感吞噬，除非你禁止她接管你的脆弱小我。當她在你耳邊低語，怪罪你自己或譴責另一個人害你匱乏或感覺被虧待時，她是善於羞辱的內在聲音，由羞愧和被拒絕構成。當你發現自己陷入絕望時，她告訴你，你活該悲慘貧困。這位自稱頭銜高高在上的卑鄙女王使你的小我生出匱乏和受害意識。恐懼的老太太以及恐懼的老先生，都會使你認為和感覺你的智力、能力、機會不如別人，你的最佳希望是找到會照顧你的某人，只要你犧牲自己的人生照料對方。當恐懼的老先生或老太太原型在你腦中活躍時，你的小我可能會發現自己需要他人認可你的價值，感覺亟需被承認，而且利用錯誤的一切作為得到關注的方法。你希望這樣的老先生和老太太成為你的小我的內在父母嗎？請告訴他們：「感謝你們，但是我已經有父母幫助我面對人生了。我唯一需要的是我的神聖女性和神聖男性啊！」

當人生改善了，這些角色會丟下小我不管嗎？老實說，他們會變得更強壯。請記住，恐懼的老先生和老太太是恐懼的原型。當你持續發現自己的內在價值且挺身面對恐懼的老先生和老太太，他們一定會設法讓你對未來感到焦慮，讓你有挫敗感，因為你並沒有像現在希望的那樣自由和快樂。當你玩得開心、發揮創意、因為活出更加平衡的人生而取得進步時，他們必會設法讓你感到不自在。他們教導你一則非常重要的功課：要持續用心覺察你的念頭和感受的振動，不接受恐懼的老先生和老太太臨在你的人性之中。他們會是你的老師，直到你不再需要他們為止，因為你已經學會擺脫不夠好的意識，每天珍惜你自己的巨大價值。

來自善於操控評斷的老先生和善於製造罪疚的老太太的不滿和負面性可以被他人感覺到。同樣地，你也可以感覺到整個人類集體的這些角色衍生出來的恐懼。雖然來自恐懼老先生和老太太的傷害屬於過往，但這些傷疤和恐懼卻會推進到未來。它們使你深深感到沒有保障，因為明天、下個月或不知道什麼時候，你會得不到你需要的東西。你有能力和力量改變這則普遍存在的沒有保障和心存懷疑的故事，而且我們打算向你證明這點。「中央太陽」的「十二大天使」以無條件的愛和慈悲擁抱你和你的傷害。我們將會教導你如何改變毒性能量的振動，讓你與「天堂」的振動起共鳴。我們只需要你的小我的意願以及你的勇氣，可以拒絕恐懼老先生和老太太的強烈要求。我們請求你根據需要閱讀下述療癒體驗。把它想成善意而慈愛的贈禮，由你的神性送給你的人性。

冥想練習 6

愛的警報器

閉上眼睛，呼吸。

走到紫色門前，打開紫色門。不要跨過紫色門。請求你的神聖內在小孩和守護「天使」們站在祖母綠色的草坪上，方便跨過來，進入你的陽性心智。

你的一位「天使」拎起你的神聖內在小孩，然後祂們一起拉響位於紫色門左側的寶石紅色火警警報器。

彩虹色的光亮起。好好聆聽從看不見的揚聲器播放出來的喜悅音樂。脾氣暴躁的老先生（奠基於恐懼的思想）和悲悽苦楚的老太太（低階振動的情緒）爭先恐後，躲避由紫色門傾瀉而出、光輝燦爛的白金色神性之愛。

說道：「感謝你們教導我用心覺察我的念頭和感受！現在出去！出去！出去！我召喚神性法則的力量，而且運用這股力量，我命令你們離開我的腦袋、我的身體、我的人性，現在就離開！」

紫羅蘭色火焰是將恐懼轉化成為愛的能量，它的浪潮大量湧入你的身體。恐懼老先生的思想和恐懼老太太的感覺和情緒消散，穿過你的頭頂離開，直接被帶到壯麗且在你上方閃耀的「中央太陽」。

跨過紫色門門檻，與你的神聖內在小孩和守護「天使」們一起進入「心」的祖母綠色聖殿。詢問你的神聖內在小孩：「今天我需要從大宇宙接收到什麼呢？」

第7章
神聖內在小孩的療癒贈禮

鼓勵你每天一開始就說：「我邀請我的神聖內在小孩向我展示該如何讓我的小我完全臣服於靈魂的喜悅。感謝你，神聖內在小孩，幫助我憶起我是大宇宙的神聖母親的孩子。感謝你們，『心』與『靈魂』，使我的整個存在盈滿你們提供給我的愛與安慰的療癒能量。我感恩神聖母親是我的真實母親，感恩祢希望我感到安全、有保障、被愛。」保有與你的神聖內在小孩保持連結的意念，這將會幫助你的小我體認到透過你的直覺知曉到來的「真理」訊息。作為你的「靈魂」的信使兼透過神聖女性到來的豐盛管道連結器，你的神聖內在小孩是鑰匙，解開你一直等待著要接收的寶藏。要請求你的神聖小孩（你的小我可以與之建立關係的更高「自性」）從「本源」接收。你很快就會發現，「神」並沒有遺棄你。

我的神聖內在小孩是誰？

你的神聖內在小孩有你自己孩提時代的聲音和外貌，而且可以任何年齡出現在你面前，只要有必要以那個年齡傳達小我需要聽到的訊息。有時候，如果神聖內在小孩設法讓你知道你需要請求「母父神」使你的人性盈滿安全感，她可能會顯得（或感覺起來）非常年輕。在另一個不同的時間，她可能看似青少年或年輕人，因為她想要傳達某個天才想法，好讓你創造出基於「神聖一體性」的最大利益和最高喜樂的奇妙東西。神聖內在小孩既是進入超意識的出入口，也是通向潛意識的開口。當通向你的潛意識的門打開時，你的意識可能會被今生傷害和不公平的記憶淹沒。如果你保持那扇門開啟，就可以存取前世事件的記憶，以及祖先們累世事件的記憶。因為你的神聖內在小孩無所畏懼，她可以成為無所不知的古人，成為你浩瀚的潛意識圖書館的館長。她使你有能力透過她聽見「受傷自我」（wounded self）的哀嘆，讓你知道哪些故事已經準備好要被轉化、釋放到「中央太陽」、被寬恕（即使它們看似不可原諒）。

療癒小我與靈魂之間的分離

承認你的神聖內在小孩可以釋放「心的力量」，使你的小我臣服和療癒。無論你的年齡大小，無論你承受過多少疼痛與失落，都需要這趟旅程使你臣服於「靈魂」，並療癒小我與「靈魂」之間的分離，才能活成快樂而安全的孩子。將「靈魂」連結到小我開始於詢問你的神聖內在小孩：「我現在感覺到什麼呢？我真正需要的是什麼呢？」你可能會聽見來自你的「神聖自性」（divine Self）的答案，告訴你一切很和諧。你可能會聽見來自你的受傷自我的答案，告訴你現在什麼事已經準備好要被寬恕並交給「中央太陽」轉化。

我們請求你將「轉化」（transformation，運用未稀釋的愛將恐懼轉變成愛）視為純淨的水，允許種子得以生長並綻放成為你真實的本真自我的可愛花朵。我們希望你很快就會發現，你是跟神一樣的人類，而且你什麼也不缺。你需要和想要快樂幸福的一切都需要由你的神聖內在小孩驗證，因為這個最高階且最純真的「自性」，知道並感覺到什麼對你最重要。你的「靈魂」需要你的小我才能進化，而進化需要你選擇愛而非恐懼。你的神聖內在小孩知道如何指引你，讓你在將自己置於妥協和痛苦的故事

（這則故事往往在重複過去的某種情緒）之前，先看見那個抉擇並感受到那個抉擇。讓你的神聖內在小孩「自性」成為你的摯友和最值得信賴的靈性嚮導，在你的日常生活中體驗到更多「天堂」的豐盛。

冥想練習 7

接收指引與療癒

閉上眼睛，專注於你的呼吸，直至你感到平靜和歸於中心為止。

走過紫色門，進入你的「心」的祖母綠色聖殿。

「中央太陽」的大天使麥可迎接你，慈愛地將祂的寶石藍色「真理與覺知之劍」送出，沿著你的脊椎下行，將這把劍扎根在你雙腳底下的土地裡。未稀釋的金色「中央太陽」之愛的閃光大量湧入你的頭腦和身體。

然後大天使麥可護送你來到一朵真人大小的盛開蓮花之前。尋找你沉穩的神聖內在小孩，他正坐在蓮花之中，微笑著，很有智慧。

你的神聖女性和男性出現，坐在你的神聖內在小孩兩側。大天使麥可告訴你坐在他們對面，而麥可坐在你旁邊。祂巨大的藍寶石色（sapphire）歌唱之光的翅膀輕輕地擁抱你，於是你感覺好像你的個人空間擴展到令人耳目一新的浩瀚無垠。

詢問你的「靈魂」這些問題，讓答案透過你的直覺知曉輕輕地流入你的意識。信任你聽到的內容，而且知道如果需要，答案必會重複。

我此刻在情緒上感覺到什麼呢？除了抗拒感覺，我還需要感覺到什麼呢？

（如果感覺的振動較低，就寬恕它並將它釋放到「中央太陽」）

我需要什麼才能感到安全、有保障、自由、快樂、豐盛呢？有沒有什麼是我的小我認為我需要但卻使我分心或對我不利的東西？

我是否被恐懼的老先生或老太太哄騙或拉入較低的振動呢？假使情況如此，請說明是怎麼一回事。

我是否已經準備就緒，要釋放、寬恕、轉化我的過去的某則故事，讓我可以接收來自你的財富？

最後，我的神性之愛的所有噴泉都在流動嗎？「神聖母親」的安全與保障也在流動嗎？「信任」和對自己有信心的綠色和金色噴泉也在流動嗎？內在價值與個人力量的黃色和金色噴泉呢？自由的綠松色和金色噴泉呢？保護與「真理」的寶石藍色噴泉呢？以及使我對自己和他人完全浸滿慈愛善意的未稀釋的愛的彩虹色間歇泉呢？

一旦你的問題得到解答，就在那朵蓮花中休息一下，而且允許你的人性好好吸收那份愛，它被提供給你的「心」的每一個念頭、感覺、信念、夢想。

你現在已經準備好要理解你的匱乏意識從何而來，讓你可以一層層、一個謊言接一個謊言地轉化它。請把你的皮囊（身體、頭腦、「心」、「靈魂」）想成一只大小和深度極其寬廣的寶箱。其中某些珍寶是鉛，必須被轉化成黃金。你的祖先們感謝你為他們完成這個煉金術。人類感謝你，而且整個「天堂」都會幫助你。讓我們在你的內在騰出更多空間，為你接收來自「大宇宙」的豐盛。

第8章

改變重複的匱乏故事

在你投生轉世前，你設計了你的業力作業，規劃出人生中必會發生的事件，以便考驗你對未稀釋的愛的信心。在抵達地球前，你知道人生體驗勢必要學習落實寬恕、無條件的愛、耐心。最終，成功地完成你的作業（或業力），需要仰賴「本源」供應你所需要的一切。根據「靈魂」如何創建你的功課而定，你可能早在受孕時就體驗到了物質和情緒資源匱乏。你這個最奇妙且跟神一樣的人類，最初是來自你母親的一個細胞和你父親的一個細胞。你的受精卵內含父母雙方潛意識的恐懼與不安全感。假使父母任何一方體驗過承繼自其祖先世系的貧窮或苦難，那麼這些滿載恐懼的記憶就被下載進入你的細胞。當你的母親在懷孕期間感受到任何焦慮，你就體驗到她的擔心恐懼。她感到沒保障和不安全的緊張感開始進入你的覺知，成為你正在發育的神經系統的一部分。感到害怕對你是自然而然、渾然天成的感受。在子宮內以及發育期間如果沒有經常感到安全，可能會使你對自己在人生中茁壯成長的能力產生懷疑。我們來解釋一下。

在發育和童年期間，一旦物質和情緒資源欠缺或短少，你就失去自信和信任，不相信「靈魂」的聰慧可以照顧你。作為成長中的人類，欠缺情緒支持、愛、關注、承認對你的安全保障感產生巨大的影響。孩提時代，你可能沒有強健的健康和生命力，或是你可能感到害羞和笨拙。在早年環境中沒有感覺得到賦能培力、有能耐、被保護，可能會轉變成預期人生很艱難。關於你是否會發達興旺的不安全感可能會導致不斷焦慮未來。當你身為胎兒、嬰兒、小小孩或年輕人的時候沒有感覺到安全，那麼你努力轉化有所不足的恐懼就會呈指數倍增。有生存恐懼的地方，就欠缺對「本源」的信任。「信任」必須被重建，然後你的「心」才會敞開來接收「神聖母親」的愛。當你的主要（分子的）回應是不要信任時，我們感謝你與「靈魂」重新連結的不懈決心。因為這麼做，以「信任」的強大療癒能量重建你破碎的人性，不僅轉化你自己的人生，而且大大地幫助「人類一體」。你可以確信的是，「神聖一體性」正在幫助你恢復你對「本源」的信任。信任「靈魂」與「本源」是煉金術的力量，可以改變原本老舊的故事，不再認為你沒有真正茁壯成長所需要的東西。要在內心裡說道：「我的匱乏故事不是我的錯。無法信任造物主會提供我需要的一切並不是我的錯。我是純真的，我願意轉化局限我的恐懼，符合全體的最大利益。」

無價值感、羞愧、罪疚、害怕懲罰，個個都是恐懼的戰士，滲透到你的人性的骨子裡。這些凶狠的怪物吞噬掉你渴望從「本源」接收到的美善。恐懼的戰士幾乎總是植根於起源古老、作用陰險的宗教教義。這些深層的潛意識訊息是恐懼的毒性廢物，需要運用未稀釋的愛進行煉金術的轉化。我們將會教導你如何在振動上完成無與倫比的轉換。是的，你可以消滅這些古老的負面聲音，它們從內在深處禁錮你成為匱乏意識的囚犯。

冥想練習 8

轉化潛意識的無價值感與罪疚

閉上眼睛，深呼吸，說道：「罪疚、羞愧、害怕懲罰、無價值感，消散吧！」然後緩緩緩地完全吐氣。請重複幾遍。

走過紫色門，發現你的神聖內在小孩正在你的療癒之「心」的祖母綠色草坪上等候著你。

一起走上小山丘，俯視下方和緩流動的紫羅蘭色火焰河流。躺下來，將你的神聖內在小孩放在你的人類心臟上，然後滾下山丘，直接滾進河流裡。河流由寬恕的能量構成，於是感覺好像降落在柔軟如枕頭的愛之中。

在寬恕和轉化的河流中站起來。牽起你的神聖內在小孩的小手，而且注意到我們「十二大天使」正圈住你們倆。邀請這條紫羅蘭色火焰河流上升到你的下巴。

說道：「我釋放無價值感、罪疚、羞愧、受害、害怕懲罰，無論它儲存在我內在的什麼地方。我釋放它。我寬恕它，而且將它傳送給中央太陽。」

持續釋放和寬恕，直到河流的顏色從紫羅蘭色轉變成綠松色為止。看見陽光在你的頭頂上方擴展，而且知道直視它也不會傷害你的眼睛。

與你的神聖內在小孩一起，伸手向上，進入「中央太陽」的光中，將未稀釋的愛拉進你的身體內。看見並感覺到自己由內而外被照亮。說道：「感謝祢，神聖一體性的中央太陽，感謝祢重建我的自我價值，感謝祢使我盈滿尊重與感恩。」

邀請擴展自我價值、自由、顯化的綠松色能量流入你的存在的細胞。允許綠松色河流上升，升到遠遠超過你的頭頂上方，知道當我們圈住你的時候，你可以自由地呼吸。

說道：「感謝祢，神聖一體性的中央太陽，使我盈滿自由、快樂的童年、美好的振動、自信。」

一旦我們看見你是閃耀的綠松色以及充滿金色的快樂幸福，我們就會把你舉起，離開那條河，將你和你的神聖內在小孩輕輕放在山頂上。低頭看著那條河……它現在已經為你變成一道欣喜的彩虹。召喚未稀釋的愛的彩虹能量來到你身上，留神觀察它補充你寶貴人性的每一個細胞。

現在你的能量的頻率已經在充滿愛的振動上，我們這裡有個你需要好好結交的人——你的受傷自我。這個自我非常值得接收你的無條件的愛和幫助。這個受傷的小孩自我打開通道，通向被遺忘和隱藏的潛意識深淵。你被要求要愛不可愛的人、寬恕不可原諒的人。我們希望你發現它珍貴無價，可以轉化受傷自我的傷害。我們請求你把這想成放下衣櫥內不想要的東西，為表達你現在是誰的新項目騰出空間。如果你可以透過我們的眼睛看見你的潛力浩瀚無垠，你就會知道更多的「天堂」敲門要進來，而我們感謝你騰出空間。

受傷自我，打開匱乏的貯存庫

受傷自我是小心謹慎且善於保護的守護者，守護你的潛意識圖書館，也就是你的自我設限行為模式的防禦系統。這個自我強大、神祕、傷人，它決定哪些記憶和過時的信念範型有權穿過潛意識的帷幕，進入你的表意識覺知。一旦意識之光與不可否認的真理照亮了過去，你就可以選擇要麼寬恕它並放下，要麼潛抑它並假裝過去對你的負面習性沒有影響。為什麼你會選擇緊緊揪著過去的傷口不放呢？緊緊抓住傷害和恐懼的記憶，可以為這個受傷人類提供一種造成錯覺的保護，以為可以在未來免於創傷。恐懼並不是最喜悅、最自由的生活方式，它為受傷自我提供在潛在危險的情境中生存下去的方法。每一個人類都需要感到安全和有保障，也需要接收到正向的關注和值得信賴的情感、無條件的愛、承認他們對家庭的價值。當你沒有接收到健康成長所需要的這些關鍵成分時，你便學會如何為了生存而操縱自己，以及有時候操縱他人。舉例來說，如果學會如何預料他人的需求為你提供某些正向的關注與承認，或提供某些免遭羞辱的保護，那麼你可能仍舊覺得有需要取悅他人。因為小時候沒有得到需要的支持，那可能會使你活出欠缺安全感、情緒保障、無條件的愛、幸福快樂的人生。要明白，即使情緒環境很和諧，未被治癒的受傷自我依舊保持生存模式。

不評斷、善意、耐心最終會說服受傷自我打開恐懼信念的貯存庫，就是這類信念阻礙或限制你接收到「大宇宙」。「信任」能量是未稀釋的愛的品質，它在深層潛意識與表意識心智之間架起一座橋梁。必須在受傷自我（尤其當這個自我是小孩子的時候）與「心」之間建立起「信任」。一旦受傷自我感到足夠安全，才能打開門，唯有那時候，埋藏在最深處的匱乏與苦難記憶才會被揭露，更因為來自「靈魂」的愛的療癒而獲准被釋放。你如何說服這位英勇的守門人信任在眼前的是療癒而不是苦難呢？我們鼓勵你與你的受傷自我溝通交流，承認這個自我的純真與神性，無論它們懊悔、恐懼或罪疚的原因是什麼。常說：「我寬恕一切，即使我不知道什麼需要被原諒」對於轉化困陷在潛意識中的傷害大有幫助。落實寬恕以及召喚「天使」們和「天堂」裡值得信賴的摯愛前來幫忙，將會幫助你的潛意識滌淨沉重的苦難與悲傷，那些一直製造著不斷重複且令人失望的故事。

冥想練習 9

療癒受傷自我

雙臂交叉在胸前，溫柔地擁抱自己。閉上眼睛，說道：「我愛你，我勇敢的英雄，你幫助我存活了那麼久的時間。」

請求你的守護「天使」和「十二大天使」讓你的人性沐浴在慈愛善意之中，感覺柔和的粉紅色能量湧進你的身體。說道：「我內在感到失望和孤獨的自我，我承認你，而且比以往任何時候都更需要你的幫助和指引。」

再次聚焦在感覺慈愛善意盈滿你。

說道：「感謝祢們釋放那些膨脹到不再適用於我們的老舊故事、創傷、模式。感謝祢們成為我的嚮導和我內在的天使，使我自由，可以體驗幸福快樂和獨立自主。」

請求「母父神」使你的人性盈滿信任，相信療癒正在發生，而且你準備就緒，要從「大宇宙」接收更多更多。說道：「『我本是』非常感恩這次療癒。『我本是』非常感恩每天都從大宇宙接收到更多。」

轉化寄宿在深層潛意識的生存信念

恐懼的老先生和老太太，連同你的受傷自我，利用深層潛意識的恐懼和失落作為燃料，以你有所不足以及你的需求不夠多的信念折磨你。當受傷自我（呈現生存模式）設法保護你免於被視為危險的改變時，恐懼的老先生就會使你充斥著善於操控、善於評斷、批判挑剔的念頭。恐懼的老太太則會迎來罪疚、無價值感、羞愧。所有這類恐懼都有力量限制你，使你不允許自己接收到「本源」。它也可能使你處在失落和痛苦的狀態，因為苦難很熟悉。恐懼的老先生、老太太、受傷自我會設法說服你，苦難即便使你悲慘，也是活出你的人生最安全的方法。同時，你的小我可能會變得越來越挫敗，因為你的所有祈禱似乎都得不到回應。是的，人類啊，談到聽見你的聲音，恐懼希望你相信「神」是聾子。

我們請求你將最深層、奠基於生存的恐懼，想成你和你的「靈魂」想要擊敗的「惡魔」，好讓你可以體驗到真實的安全和保障。這些恐懼往往透過列祖列宗承繼遺傳，從前世帶入，或來自童年的傷心體驗。以下是我們列出的清單，它使你相信自己有所不足，而且抗拒向「造物主」請求你想要和需要的東西。有時候，你的渴望甚至還沒抵達表意識心智就被壓制了。

匱乏開始於「我有所不足」的潛意識信念

我們請求你把你的人類皮囊想成底部積滿了淤泥。這類「有所不足」的淤泥占據著空間，於是信任進不來，你無法信任「神」會照顧你，把你當作摯愛且珍貴的孩子。轉化古老而堅硬的泥層（代表過去不愉快的經驗）是必不可少的過程，可以結束重複的匱乏故事。

如果過去向「神」或另外一個人類請求得到你想要的東西，卻造成情緒或身體創傷，你的潛意識可能會相信，請求得到你所需要的東西是被禁止且沒有希望的。讓我們舉個例子，你在某個前世是療癒師，信任你可以直接觸及「造物主」的療癒力量，然而你的能力卻被父權制教會視為威脅。當局以違反「神」的原罪公然羞辱你和你的家人。為了殺雞儆猴，你被判有罪入獄，導致你的家庭貧困，被社會流放。你可以明白為什麼今生你的潛意識會設法阻止你與「本源」建立有意識的連結嗎？今生你本該感覺到請求和接收你所需要的一切是很安全的。你的潛意識有理由緊緊揪著過去的記憶和恐懼；然而，這些信念往往對你現在的人生有害。為了恢復你的真實價值，轉化你的細胞內攜帶的匱乏意識，我們請求你仔細研讀一份可能儲存在你的潛意識深處的內容清單。假使你感覺到頭腦或身體有所反應，那你就有某些釋放和寬恕的事情要完成。寬恕容許剝離掉一層層傷害和恐懼。這個受傷自我正踏上旅程，要轉化成為你的「自性」。

以下是我們列出的潛意識信念以及一些真實或感知到可能會讓匱乏故事不斷重複的體驗。假使你在童年時期被忽視、遭遺棄或受虐待，這些奠基於恐懼的信念可能會製造出抗拒改變的堡壘。你的脈輪的滌淨能量可以消融掉你的「心」周圍的堡壘；不過，這需要耐心和愛才能達成。

當你從頭到尾讀完以下列出的隱藏信念，你的陰性直覺腦將會體認到儲存在你的深層潛意識裡的那些信念。每次閱讀這份清單，你可能都會感覺到自己對以前沒有感覺的信念有所回應。經由緩慢而仔細地閱讀這份清單，你正在支持你的陰性腦喚醒你的記憶。你的身體會發給你一個體認到的信號，可能是腸道抽一下，心臟區收縮一下，或只是一份內在知曉，說道：「我感覺到這在我裡面。」隨著每一次體認，都會出現一份隱藏的恐懼，說道：「為了活下去，我必須緊緊抓住這個信念。」我們的好消息是，「中央太陽」的紫羅蘭色火焰可以照顧這一切。

「我有所不足」的根本原因

以下舉出潛意識信念的實例：

- 你不具備生存所需要的條件。
- 你無法安全地感覺到自己的情緒並承認自己的感受。
- 你令人失望。
- 你沒有價值、不受歡迎。
- 你比較渺小，因為你的父母或家人過去有成癮、虐待或其他痛苦經歷。
- 你活該被懲罰，或是，即使無辜你也會受到懲罰。

- 你還不夠好。
- 因為你是人類，所以你不如「神」。
- 貧窮或另一種苦難對提純淨化小我（人類的自我）來說是必要的。
- 父母不要你（可能是真實的體驗）。
- 家中每一個人都因為財務困境而苦苦掙扎（可能是實際觀察到的情況）。
- 負債累累可以防止懶惰，因為債務是很好的動力。
- 很難擺脫財務負債。
- 因為你是女性，所以你依賴某個男性。
- 如果不依賴某人，你必會孑然一身。
- 你不配接收到「本源」。
- 你今生辜負了自己或另外一個人。
- 你犯下了不可原諒的罪行或原罪。
- 你為他人做的還不夠。
- 你不可愛，不配得。
- 你欠缺聰明才智。

- 你缺乏能力。
- 你缺乏吸引力。
- 你缺乏青春活力。
- 你缺乏智慧和直覺力。
- 你缺乏創意。
- 你欠缺時間、精力、專注力。
- 你無法獲得足夠的成就，因此你一定有問題。
- 你的人生地位是要當僕人或奴隸。
- 你在人世間是要成為英雄，無論付出什麼代價。
- 你必須先照顧他人，再照顧自己。
- 你必須是負責任的人，當你想做的事與當個負責任的人發生衝突時，要犧牲你想做的事。
- 剝奪自己需要和想要的東西是省錢的明智方法。
- 剝奪自己需要的東西對另外一個人有助益，或是有助於保護你免於來自他人的傷害。

- 你一直被忽視，而那份忽視（就連「大宇宙」也忽視你）正是你的人生故事。
- 你必須是和事佬。
- 假使你向另一個人（尤其是父親或母親）或向「母父神」請求得到你需要或想要的東西，你就是不敬。
- 你有罪。
- 你應該感到羞愧。
- 他人並不想要你在人世間分享的東西，因此很難經由做你愛做的事賺錢謀生。
- 你注定要留在薪水穩定但使你悽慘難受的工作。
- 你的付出必須多於你所得到的，才能得到「神」的愛。
- 你的付出必須多於你所得到的，才能得到另外一個人的愛。
- 你很無助。
- 「大宇宙」沒有你需要的東西。
- 你無權擁有你想要的東西。
- 有人會奪走你所擁有的東西。
- 如果你不活在匱乏之中，政府或宗教當局一定會懲罰你。

- 假使你因為財富而引人關注，政府或宗教當局一定會懲罰你的家人。
- 害怕恐懼使你「品行端正，視界狹窄」。
- 財富會召來家人、朋友或同儕對你不必要的關注。
- 你屬於某一特定的社經群體（家族、部落、社群），因此行為不准優於這個群體的成員。
- 假使擁有快樂幸福所需要的一切，你一定會變得只顧自己且散漫懶惰。
- 所有財務上富有的人們都變得很自私。
- 假使你渴望因為自己的付出而被承認和重視，你就是唯我獨尊。
- 「造物主」不會介入和協助處理塵世生活的事務。

以下幾個例子是真實或感知到的體驗：

- 因為請求得到想要或需要的東西而受虐或擔心會被殺害；或是擁有在另一世因為這麼做而遭人殺害的記憶。
- 當個受害者且無法不受這點影響。
- 一段親密關係以背叛和心痛告終。

• 體罰。
•「天使」不會為你而出現。

任何這些信念和體驗可能與清單上的其他信念和體驗相互糾纏，於是這些複雜的恐懼可能會製造出匱乏的故事，使改變令人不知所措又挫敗洩氣。我們請求你慎重地從頭到尾慢慢讀完下述兩則療癒體驗，而且完成這些療癒體驗，直至你感覺可以自在地向「本源」請求成為快樂小孩（無論年齡大小）你所渴望得到的東西為止。我們也請求你持續這些療癒體驗，直至你轉化掉那些不夠好的念頭為止，那些念頭告訴你，你有所不足，無法在日常生活中發達興旺。

完成第一則練習幫助最難以捉摸的信念開始顯現出來。第二則練習瞄準你承繼的匱乏信念。隨著你重複這些練習，新的局限人心的信念會從潛意識浮現出來，以求得到轉化。好好感覺你的感受，好好釋放，好好寬恕。請注意，即使你發現觀想挑戰性十足，療癒也有其成效。

冥想練習 10

蛻變匱乏信念

你或許應該從頭到尾讀完幾遍這則練習，請根據需要隨意暫停。

閉上眼睛，深呼吸幾下，幫助自己歸於中心，然後跨過紫色門。尋找你的神聖內在小孩、神聖女性、神聖男性，然後跟隨他們去到通向浩瀚潛意識圖書館的大型螺旋階梯。

爬上螺旋梯，進入圖書館，停在前台。你的守護「天使」圖書館員正等候著護送你進入圖書館的大廳。

在你的神聖內在小孩的幫助下，檢查那些盆栽植物是否有任何躲藏的恐懼老先生和老太太。你的神聖內在小孩攜帶一只噴霧瓶，瓶內滿是「神聖母親」的紅寶石色和金色能量。隨著每一次噴灑，恐懼老先生和老太太會立即煙消雲散。

走進大廳，再次尋找恐懼的老先生和老太太原型。你知道該怎麼處理他們。抬頭看著聳立的故事書書架。許多故事書內含有著負面潛意識信念的潛意識記憶。某些故事書內含你今生活出的故事扉頁，章節中記錄了當前的信念和期待。

還有許多房間與圖書館大廳相連。

環顧大廳，看見並感覺到我們（「中央太陽」的「十二大天使」）已經前來幫助你了。我們在大廳中間安置了一只巨型紫羅蘭色火焰垃圾箱，箱底排列著寶石藍色的煤炭。一條傳送帶從紫羅蘭色火焰垃圾箱伸出去，它會將結晶得最為具體的故事帶給「神」的「中央靈魂」。

請求我們幫助你找到書架上的匱乏故事。把那些書扔進紫羅蘭色火焰垃圾箱，說道：「我釋放這則老舊故事。我完全放下它，我寬恕它，即使它感覺不可原諒。」

請求你的神聖男性四處尋找恐懼的老先生和老太太，如果找到的話，我們會將他們放進垃圾箱並為你蛻變他們。一定要把他們的背包丟進紫羅蘭色火焰垃圾箱，因為背包內盡是比較的思維、評斷的想法、還不夠的思緒、無力和無助的念頭和感受，以及絕望、憎恨、妒忌、失落、羞愧的感受。

一旦所有悲傷故事被轉化了，要請求你的所有受傷自我與你的祖先的受傷小孩們從與大廳相連的房間內走出來。

紫羅蘭色火焰垃圾箱現在已經被轉化成一座紫羅蘭色火焰瀑布，有一條條彩虹色絲帶向下流進一座紅寶石色水池。邀請你的受傷自我以及你的祖先的受傷小孩們，與你和你的神聖內在小孩、神聖女性、神聖男性一起，踏進那座紅寶石色水池，它在色彩繽紛的神性之愛瀑布底下。

說道：「我釋放並寬恕所有悲傷和失落、憎恨和創傷，那些來自我的過去以及我的祖先們的過去。」我們一起放下匱乏，說道：「『我本是』絕對足以向本源請求和接收。『我本是』絕對足以從神聖一體性接收變得快樂、自由、豐盛所需要和想要的一切！」

好好聆聽我們歌唱，留神觀看我們擴展瀑布和紅寶石水池的能量，直到一切變成未稀釋的愛的純粹能量為止。沐浴在有療效的水中。一旦療癒完成，你會發現自己在「心」的祖母綠色草坪上休息。

釋放祖先與前世的創傷

這則練習可以在就寢時進行。一旦你舒舒服服地躺在床上，就閉上眼睛，看見自己走過紫色門。讓自己沉浸在療癒能量構成的壯麗紫羅蘭色火焰海洋裡。海洋滿是紅寶石色和金色閃光，在不太遠的地方是圍成一圈的「十二大天使」，祂們身穿「中央太陽」的歌唱色彩。

與你的神聖內在小孩一起，游向我們這圈未稀釋的愛，而且躺在我們為你們準備好的紅寶石床上。當你們躺在那張床上休息時，請說道：「我釋放這一切。我寬恕這一切。我為我們大家寬恕這一切。」我們將會擦洗掉恐懼、創傷、懲罰、疼痛、苦難、失落、悲慟的老舊故事，以及從你的DNA分子中擦洗掉你與「本源」分離的謊言。

請重複：「我願意在我現在的年紀，在我早晨醒來時，體驗到比較快樂的童年。」

甜蜜入夢吧！「神聖一體性」最喜愛和珍惜的孩子。甜蜜入夢吧！

第3部

接收你的財富

整個「神聖一體性」都活在豐盛之中。
你是「神聖一體性」的一部分。

——「中央太陽」的「十二大天使」

第9章
你眼中的財富是什麼樣子呢？

要詢問的基本問題是：「我的實相中欠缺什麼？使我在地球教室上感覺好像無法活得平靜祥和。」提出這個問題等於是邀請你的小我與你的「靈魂」打交道，不觸發防禦和抗拒。你的神聖內在小孩、神聖女性、神聖男性知道你的小我和人性欠缺什麼。超越小我的抗拒可以幫助你從「大宇宙」接收屬於你的豐盛。棘手的部分可能是，你的小我相信，它已經知道什麼會帶來快樂幸福、自由、保障感、內在的平靜。小我可能認為，它確切地知道如何實現這點。當小我想要朝著賦予它力量和操控感的方向前進，而「靈魂」卻指引著你的人生走一條輕易許多的道路，這時，可能會在振動上出現利益衝突。當這種情況發生時，從你的小我的觀點看，你的外在實相將會看起來好像什麼也沒變，人生令人失望又艱難。

你該如何融合你的小我所渴望的體驗，與你的「靈魂」所感知到你的人性的更大需求呢？方法是：理解到底是什麼根源激發你的小我欲求你想要的東西。舉例來說，你知道嗎？當你的小我對金錢絕望時，課題的根源是，你需要「大宇宙」的「神聖母親」的愛。首先，請求盈滿她的愛，其次，表達你需要一次財務奇蹟，帶來你真正需要的東西，而且是以你感覺不會被懲罰的方式。如果你的潛意識堅信，你無權請求得到金錢，尤其是向「神」請求，那麼你那不知實情的小我可能會透過高利貸款或透過使你受苦的工作帶來金錢。我們再為你舉出另外一個實例：假使你的小我渴求某樣昂貴的東西，那東西對他人說：「我很重要，你需要關注我。」那個核心需求是，需要來自「大宇宙」的「神聖父親」承認。請求盈滿「神聖父親」的無條件的愛、尊重、承認，將會為你吸引到你所尋求的承認和機會。假使你請求被「大宇宙」的「神聖母親」和「神聖父親」好好填滿，那麼你將會體驗到獲得需要的資金，足以裝扮你邁向成功。不過，這一次，這套新衣服對你很重要，因為它將是你用「心」選擇的衣服，穿上它使你微笑。讓我們來看一看對你的小我的渴望產生重大影響的幾個核心動機因素。假使你請求你的真實需求得到滿足，那麼「如其在上，如其在下；如其在內，如其在外」的神性法則將會永遠為你運作。

潛意識的動機因素，影響你相信自己想要什麼

無論是否真正欠缺安全與保障，最基本的潛意識動機因素都是對安全和保障的需求。這個潛意識的信念範型根植於這樣的預期：假使你被視為不可接受，那麼「造物主」可能會遺棄你，或你的部族、社群或家庭可能會遺棄你。若要體認到這類潛意識需求是否正影響著你認為自己想要的事物，請檢查一下，看看你是否對未來感到恐懼。你是否有無法解釋或需要盡可能地掌控全局的焦慮？信任自己和信任他人（即使你知道對方值得信賴）對你而言是否充滿挑戰？你是否很難知道自己想要什麼？這些底下往往隱藏著自我犧牲、自我否定、自我排拒的動機因素。

當深度恐懼有所不足，加上害怕被遺棄，你的小我在做出金錢或食物方面的相關決定時，可能會感到侷促不安。當安全和保障的需求並未得到滿足，而且懷疑自己是否惹人愛的時候，儲蓄、消費、分享、接收金錢可能都會很不自在。

釋放被造物主遺棄的預期

閉上眼睛，深呼吸，緩緩吐氣。專注於呼吸，直至找到平靜的節奏為止。走過紫色門，進入你的「心」的祖母綠色聖殿。找到你的神聖內在小孩、神聖女性、神聖男性，一起步入轉化和寬恕的紫羅蘭色火焰瀑布下方。重新專注在呼吸上。

說道：「我歡迎我的潛意識和表意識的所有擔憂，包括被遺棄以及需要的東西不足從而無法在情緒和身體上感到安全，都可以從我的存在中被釋放。我將我的所有恐懼和負面預期傳送給中央太陽。」

待在紫羅蘭色火焰瀑布中，重複說道：「我寬恕這一切」，直至瀑布的顏色轉變成鮮豔的紅寶石色為止。張開嘴，喝下「神聖母親」的無條件的愛、安全、真實保障、安慰。允許你的整個身體浸滿「神聖母親」的療癒之愛。

當你準備就緒時，請你的神聖內在小孩告訴你，此時此地，在地球教室上，你需要什麼。感謝你正在接收那樣東西，即使它還沒有顯化出來。

另外一項由潛意識驅動的重要動機因素，可能是正向關注、真正承認、值得信賴的情感等核心需求沒有得到滿足所引起的。當這些基本需求被忽略，你可能會發現自己正與下述任何一項苦苦纏鬥著：身體疾病、受苦、寂寞、貧窮、反覆失業、過度操勞、財務困境、成癮。你的小我可能無法買到足夠的禮物來滿足被需要和受重視的深度渴求。當第一或第二項潛意識動機因素故事被啟動時，小我可能會永遠不滿意你現在擁有的一切，或不滿意你未來獲得的財富。裝滿你需要的東西將會以始終如一的永續方式支持你的人生，讓你再也不缺任何東西。

冥想練習 13

裝滿你想要的一切

閉上眼睛，自然地呼吸。微笑並用雙臂擁抱自己，重複說道：「我愛你。我愛你。我真正愛你。」

走過紫色門，尋找那棵開著繽紛色彩花朵的美麗樹木。找到你的神聖內在小孩，他正在向你招手。

首先擁抱那棵樹。擁抱那棵樹，好好感受到它巨大、遼闊、對你無限的愛和情感。爬上那棵樹，坐在你的神聖內在小孩旁邊。彼此擁抱一下，好好承認你的聰明才智、好看外貌、勇氣、才華，以及所有需要被承認的東西。留神聆聽來自你的神聖女性母親和神聖男性父親的更多承認出現。

請求你的守護「天使」們帶你攀爬到那棵樹的更高層。我們將在最頂端與你相會，而且透過你自己的更高覺知，讓你看見無止境的奇妙事物。我們會使你盈滿「造物主」的慈愛以及許許多多宛如陽光、可能令你害臊臉紅的關注。好好享受一下。你當之無愧啊！

自由自在地成為真實的本真自我，自由自在地活出你所選擇的人生，這啟發你希望你的財富看起來是什麼樣子以及你希望豐盛如何顯化。在經歷過祖先、前世或今生創傷的地方，對自由的需求可能是所有動機因素中最為強烈的。當對自由的需求從內心深處影響小我時，你可能會發現長期承諾充滿挑戰。從事不喜愛的工作可能令你挫敗洩氣。你可能會偏愛獨立生活和工作，因為你需要按照你的方法做事。財富需要以一種使你的人生擺脫壓力的方式來到你身邊，而不是靠增添更多責任到已經「很滿的盤子」裡。請求「本源」使你的人性的每一個細胞盈滿綠松色的歌唱之光，那將會支持你由內而外創造自由。真實的自由支持你得到你渴望的東西，沒有逃跑的衝動。

冥想練習14

內在自由，外在自由

閉上眼睛，深呼吸，幫助自己歸於中心。跨過紫色門，進入你的「心」的祖母綠色花園。找到你的神聖內在小孩並請求看見你的自由。

一座誘人的綠松色湖泊出現，而你的神聖內在小孩邀請你跳進湖泊裡游一趟。湖水乾淨，秀美動人。游出去，游進湖水中，當你游泳時，你的身體將會轉變成純粹的能量。你的神聖內在小孩正與你一起游泳。

搖晃你的原子，彷彿你是撥浪鼓，看著所有老舊的監禁故事離開你。這些故事包括你或某位祖先在某一世過著任何類型的奴役生活。任何被財務奴役或被婚姻、關係或工作類型奴役的悲傷故事，也都會消融在那座湖泊之中。

一旦你自由了，你的能量振動就會上升，湖水會閃爍著金色的火光。原本的綠松色會變得更加明亮，於是我們請你說道：「感謝祢，造物主，使我的人性的每一個原子盈滿真正的自由啊！」

你的神聖內在小孩將會呼喚你的全名，於是你會返回到人類的形相。游到湖岸邊，在柔軟的祖母綠色土地上休息，沉浸在「中央太陽」的溫暖之中。

人性最後且最險惡的深層潛意識動機因素是罪疚。罪疚可以讓一個人相信他想要自己其實並不想要的東西。罪疚可能會讓一個人完全忘記向「本源」請求得到他真正想要的東西。我們與你分享的「真理」是，你似乎對自己的純真沒有信心。無論你的小我在今生或其他前世做了哪一種惡夢，你的「靈魂」都是純真的。我們竭盡所能地鼓勵你寬恕過去的惡夢、信任你的進化、轉化你的皮囊中的罪疚感。因為罪疚通常與「你活該受苦」以及「你活該被懲罰」的信念交織在一起，所以，無條件的自愛欠缺了。要愛自己，就跟「母父神」愛你一樣，對人類來說，這似乎是最不可能做到的事情之一。請沉浸在我們於下一項最深度的療癒體驗中提供給你的永恆之愛中。

給你的未稀釋的愛

閉上眼睛，輕輕吸口氣，然後完全吐氣。重複直至你感到安全為止。當你呼吸時，我們正在為你披上一條純潔、白金色、未稀釋的愛的披肩。我們的愛的披肩融化情緒負擔、令人不知所措的責任、你內在的罪疚。

然後披肩轉變成一條撫慰人心的厚毯子，由未稀釋的愛構成，浸透滲入你的背部、頭部、手臂、胸部。第一條毯子一旦浸透滲入你的身體，就有另一條新毯子取代。如此重複，直至你完全浸滿未稀釋的愛為止。

說道：「感謝祢，造物主，使我的人性盈滿正在轉化的寬恕之愛。真實的寬恕告訴我，無論我發生過什麼事，我都是惹人愛的。真實的寬恕告訴我，無論我做過什麼，我都是純真的。我有意或無意地對另外一個人造成的任何傷害，我都傳送給中央太陽。感謝祢，中央太陽，將我的罪疚轉化成為心的力量。」

於是我們從你的脖子、手腕、腳踝上，卸下罪疚、受苦、懲罰的象徵性鎖鏈，將它們化為塵土。這些鎖鏈阻止你聽見「靈魂」希望你擁有的東西。這些鎖鏈阻止你請求「大宇宙」為你提供。

我們在你周圍設置一圈未稀釋的愛的力場，天天為你的細胞提供愛。當你有意識地憶起它在那裡而且感謝它保護你的時候，它就會越變越牢固。

既然明白了接收對你的快樂幸福至關重要的東西很重要，你就會比較容易讓「靈魂」支持你。我們必須鼓勵你不要害怕，時常請求得到你所渴望的東西，只要這麼做使你感覺美好。「神」在聆聽，而且你的每一則禱告的請求都會在神性的時機且以神性的秩序得到回應。有一項簡單然而深奧的工具幫助「大宇宙」回應，亦即：傳送能量給你，讓你可以顯化你所需要和想要的事物。要時時覺察「懷疑」。當你發現自己懷疑你的「靈魂」、懷疑自己接收的能力，或懷疑「神聖母親」和「神聖父親」時，務必消除懷疑，召喚「信任」進入你的心智和身體。

懷疑出去，信任進來

閉上眼睛，聚焦在你的呼吸，緩慢、專注、深入地呼吸。跨過紫色門的門檻，尋找你的神聖內在小孩，他正在轉化與寬恕的巨大紫羅蘭色火焰噴泉內玩耍。步入噴泉中，允許奇妙的能量浸透你。

持續深呼吸，說道：「無論我內在躲藏著什麼懷疑，我都釋放它，而且我寬恕自己有所懷疑。我歡迎大宇宙的神聖母親和父親使我盈滿信任。」

留神觀看噴泉的色彩從紫羅蘭色轉變成帶金色閃光的亮綠色。要允許「信任」的能量滲透小我的盔甲，說道：「我信任自己。我信任靈魂。我信任我正在接收的豐盛甚至多過我向大宇宙請求得到的。」

要覺知到恐懼的老先生何時引誘你陷入懷疑的心態。當有所懷疑時，你的小我就會自然而然地進入操控模式。操控阻礙接收的流動，何況恐懼的老先生只要有機會使你逃避風險、便於管理，他就非常興奮雀躍。

第10章
直覺與創意孿生姊妹

恐懼的老先生教你學會，保持頭腦的頻率調頻對準「未稀釋的愛」有多麼重要。在這個波長上，你自然而然地接通「大宇宙」的「神聖母親」的接收力量。若要將「本源」的能量帶進地球的世俗層面，小我必須與神聖內在小孩非常親密的兩個朋友連結。這兩位重要的朋友是誰呢？「神聖母親」的雙胞胎女兒「直覺」與「創意」。她們結合起來的能量是優雅的河流，不間斷地流向地面，為你具體化現來自「神聖母親」的最高振動能量。兩姊妹從不離開她們的母親，而且當你訓練你的頭腦聆聽直覺時，永遠不會欠缺創意天才。她們唯一要求的是：感覺你的感受、釋放低階振動的情緒、信任你的直覺指引你做什麼事。

讓你的頭腦浸滿「信任」的祖母綠色加金色能量，使你有可能聽見你的直覺。這也防止恐懼的老先生和老太太干擾你正在接收的智慧。每天從早到晚過著靜心生活的一個簡單方法是：持續覺察你的呼吸，注意吐氣時是否有嘆息聲。這是你的身體傳達焦慮或挫敗的方法。若要迅速地進入信任的心智，請深呼吸幾下，同時將雙手置於流動的水下方（這也有助於連結你的感受）。在大自然中散步，同時說出你所感恩的一切，可以幫助你落實你的直覺，尤其如果你正在設法解決某個問題。然後當你與神聖內在小孩和這對孿生姊妹連結充滿挑戰時，要重複說道：「我臣服於靈魂的關愛。」執行這些簡單的步驟會支持你將振動保持在高檔，使你更容易聽見內在的真理在告訴你什麼。

另一項有幫助的工具是：全天候檢查你的神聖內在小孩。只要閉上眼睛，雙手放在心上，然後向內在小孩確認你們有連結。這可能會以一個願景或一種肯定的感覺進入你的頭腦。當恐懼的老先生和老太太正在污染來自這對姊妹的順流時，你的神聖內在小孩一定會警告你。

直覺將會告訴你，如何使你盈滿「靈魂」的雀躍和目的，從而發揮創意。最高振動的「心」的快樂創意是由取之不竭的「靈魂力量」激起。當「靈魂」可以表達其無限的聰明才智時，感到自信和有動機將是你的全新常態。我們仍然需要警告你，恐懼的老先生和老太太會設法使你分心。要提防他們從後門（潛意識）偷偷送進三個使人分心的問題。他們的問題可以預料，而且沒有任何特定的順序。他們會問：「你希望創造的東西對其他人有任何價值嗎？」而且暗示那可能不會是其他人想要的。他們會問：「如果那對姊妹說錯了，怎麼辦？」搭配：「假使你永遠達不到你需要實現的目標，怎麼辦呢？」除了這三個恐懼老先生和老太太最愛的問題之外，還有你自己從童年遺留下來的情緒按鈕。

對你自己的「詭雷」老先生和老太太觸發因子有所覺知很重要。你是否曾經專注在創作過程的下一步，然後莫名其妙地，頭腦中卻有負面思緒干擾？這個不受歡迎、令人麻痺的心智聲音低聲說道，你無法創造任何有價值的東西。假使你在一個挑剔批判的家庭中長大，那麼恐懼的老先生和老太太往往會使用跟你的家人同樣的語言。傷害性、居高臨下的自言自語，會使敏感的小我感到無所適從和挫敗。在你的小我感到最不配的時候，你可能會覺得無法聆聽或信任那對孿生姊妹。你的頭腦可能會有一個藉口產生器，發射出令人分心的想法，為你無法發揮創意提供各種有可能的理由。於是，你反問自己：「何苦一開始就費勁嘗試呢？」當恐懼的老先生和老太太跳入你的心智對話時，可能感覺好像你正沉溺在善於評斷的念頭中，那向你展示，與他人相較，你的能力多麼微不足道。很快地，你的小我被說服了，確信你無望、無助、需要被拯救。

我們可以幫助你消除陷入這對姊妹和她們的「靈魂力量」遺棄你、害你獨自失敗和受苦的恐懼。有些人將這些情緒觸發因子和按下自己的按鈕稱作「掉進兔子洞」。為了幫助你提升急劇下墜的念頭和感受的振動，我們需要你持續覺察來自童年的傷害並轉化它們。你根本不可能不夠好、無法得到來自你的「靈魂」和「天堂幫手」團隊的協助。從我們的視角看，你的觸發因子幫助你學會，過去那些踐踏創意的幽靈，不過是恐懼的老先生和老太太設法教你學會要對自己有信心。那對姊妹將會告訴你，假使你沒有充分休息、獨自清靜，她們無法全力流動。不管情況如何，只要你找不到那對姊妹，就檢查一下，看看自己是否心智或身體十分疲累，情緒枯竭或無所適從。假使你聽見肯定的答案，請嘗試第七部的任何療癒體驗，支持你得到充分休息的睡眠。

我們幫助你聽見直覺和創意姊妹的第一項深層療癒工具是：突破負面父母的監牢。

負面父母的監牢

負面父母是你腦袋中父母任何一方善於評斷、懲罰或「可憐的我」的聲音。這個內在聲音可能會告訴你，要跟隨母親或父親的腳步，成就與他們齊鼓相當即可，不多不少。殘酷的內在聲音可能會告訴你，你永遠不會有成就，以及你做的每一件事都毫無價值。無論負面父母對你說什麼，我們要說的是，對於總是聆聽著你對自己的每一個想法的神聖內在小孩來說，你並不想要繼續成為同一種父母。無論你的父母或監護人曾經多麼善於虐待、操控、評斷、殘酷，這類對待都與你無關。那是他們的事，而你現在可以基於所有相關人等的最大利益而放手。任何時候，只要你覺察到頭腦中居高臨下的聲音，就跳入我們最深層的療癒練習，擺脫負面父母（聲音）的監牢。

釋放負面父母的聲音

深吸一口氣。說道：「『我本是』準備就緒，要感受自由了！」

跨過紫色門，進入「心」的安全聖殿。你的神聖內在小孩以及你的神聖父母正等候著你。

一起走到山丘那邊的紫羅蘭色火焰河流，步入「造物主」頂輪舒緩人心的能量。

河流上漲，高過你頭頂，而且你可以在紫羅蘭色歌唱之光當中自由地呼吸。你的神聖女性母親和你的神聖男性父親輕輕地解開你的情緒體的能量經絡，這條重要的經絡從你的頭頂上方穿行到你的雙腳下方。

鄭重聲明：「我釋放我的父母和童年照顧者（如果你願意，說出對方的名字）的所有疏忽和負面面向，進入紫羅蘭色火焰河流之中。我寬恕這些痛苦的記憶。我釋放使我分心以及鼓勵我感到不足或不配的所有恐懼老先生和老太太。我為這次考驗感謝他們，因為我知道，我是神的奇妙創作。我將我自己善於評斷的負面自我釋放到紫羅蘭色火焰河流中。感謝祢，靈魂，使我盈滿對自己無條件的愛。

我選擇寬恕自己，選擇無條件地愛自己。」

看見那條河流轉變成有祖母綠色閃光的紅寶石色。說道：「感謝祢們，神聖母親和地球母親，使我盈滿對自己無條件的愛、接納、認可。」

看見那條河流轉變成濃厚的鈷藍色，有綠松色的絲帶穿流其間。說道：「感謝祢，神聖父親，使我盈滿承認我是神性存有的真實價值。感謝祢使我盈滿勇氣、自信、成功。」

看見那條河流轉變成彩虹的所有顏色，有金色和銀色閃光。說道：「感謝你，神聖內在小孩，使我盈滿『我本是』一股創造力的信任與信心。『我本是』準備就緒，要幸福快樂啊！」

步出那條河流，躺在柔軟的祖母綠色草地上。允許「中央太陽」的溫暖使你盈滿自信、自尊、「信任」你的價值是跟神一樣的人類。

記得要召喚你的「天使」們前來協助，使你的表意識心智保持覺知到你的念頭和感受。全天候反問自己：「我感覺到什麼呢？我需要什麼呢？有什麼是我害怕向大宇宙請求的呢？」這將會幫助你持續警覺到你的情緒觸發因子，那些是恐懼的老先生和老太太的素材，為的是使你分心，無法接收來自「本源」的豐盛。

「靈魂」用來帶領你的第二項療癒工具是，覺知到我們稱之為魔法父母的誘惑。我們鼓勵你關注心智與身體的振動。如果你需要增強振動，那就在恐懼的老先生和老太太害你陷入恐慌之前，嘗試說出正向的肯定語句、寫下祈禱文、靜心冥想、或好好休息。他們可能會暗示你，無望了，需要「魔法父母」才能拯救你。等待魔法父母會害你分心，無法好好聆聽神聖內在小孩以及直覺與創意姊妹的聲音。這對姊妹打開你的接收能力，將來自「本源」的財富帶進來。你若要活出有意義且豐盛的人生，這是最輕易的方法。

魔法父母的誘惑

人類曾被教導要用金錢來替代你小時候沒有得到的父母支持，尤其是在你認為自己不夠格的時候。當你無法觸及那對孿生姊妹且感到無助時，恐懼的老太太會鼓勵你相信，擁有許多金錢可以解決你的問題。恐懼的老先生會不停狂吠，說所謂「神的救援」就是讓除了你自己之外的某人出現，進而照顧你。當這份照顧屬於財務上而且代價是失去你的獨立自主時，你就陷入了恐懼的魔法父母陷阱。雖然你可能不認為這是陷阱，但是當你在目標和夢想上妥協讓步，將那對孿生姊妹送去流放時，你也是在告訴「大宇宙」，你不需要「神」的資源。

在渴望魔法父母為你帶來許多金錢的地方，可以肯定的是，你有一個被忽視或受虐待的內在小孩預期著一定會失望。金錢可能是你可以操控的代理父母；然而它卻不是歡喜生活的源泉。要允許我們喜悅地幫助你轉化你曾在人生中體驗到的失望，將破碎、悲劇的過去轉變成今天的快樂童年。我們邀請你召喚你的神性進入你的人性，在你的創意追求中好好體驗新發現的出於自然、青春活力及信任。這看起來像什麼呢？它看起來像不再花費精力等待著某人或某樣東西前來拯救你。

以下是我們的幻想場景清單。好好檢查每一項，新增我們可能遺漏但屬於你自己的任何項目。閱讀這份清單之際，記下使你的身體感覺有所反應的任何幻想，而且知道這個幻想需要被釋放並傳送給「中央太陽」。創意是你接收財富的管道。是的，你能以眾多正向的方法接收到財富；不過，等待財富而不是將能量投注於發揮創意等於是浪費你的時間。有更輕易的方法得到你渴望的東西時，千萬不要再等待你的幻想化為現實。

幻想場景

不要等待……

- 贏得彩票、做出完美的賭博或投資，才能完成你真正想要做的事以及活出你真正想要活出的人生。
- 完美的伴侶，對方會是負責任且慷慨的錢財提供者，或善於滋養的照顧者，對方會如你一直需要和想要被愛和接受的樣子愛你並接受你。
- 升遷或夢想工作化為現實，同時在現有的工作中受苦煎熬。
- 某個權威人物重視你的貢獻或天才，將你安置在你本該被安置的位置。
- 會站出來幫助你的朋友，因為如果你擁有對方擁有的資源，你也會站出來幫助對方。
- 被某人拯救，對方顯然擁有你想要的東西而且他並不需要那麼多。
- 某人在財務上支持你（因為你需要），才開始、完成或啟動你自己的創意方案。

- 他人的認可（因為你需要），才開始、完成、或啟動你自己的創意方案。
- 金錢「從天而降」、突然顯現，讓你可以完成使你快樂的事。
- 別人發現且體認到你是寶石，然後才成為家中被收養的公主或王子，於是在你坐下來吃蛋糕的時候，家人會使你的夢想成真。

冥想練習 18

放下魔法父母

回想一下上述這些讓你的身體有所反應的幻想。閉上眼睛，深吸一口氣，說道：「我交出所有幻想，那些正在限制想要來到我身邊的豐盛順流。」

將每一個幻想看成用金紙包裹的一本書，然後將那本書扔進紫羅蘭色火焰垃圾箱，說道：「我在各方各面寬恕自己。我釋放幻想，而且將幻想傳送給中央太陽，轉化成相信我的直覺和創意的自信與信心。」

你現在準備好不再等待，且準備好請求你的「靈魂」在你的創意花園內種下若干天才種子嗎？我們希望你的答案很「肯定」。要幫助小我體認到絕妙的點子與老先生的想法之間有何差異，方法是：好好感覺你的感受，聆聽你的直覺。這有助於連結你的意識與孿生姊妹的家園（陰性腦）。陰性腦是肥沃的土壤，來自「天堂」的可行創意想法自行種植在你內在的這個地方。以恪守「一的法則」（基於所有相關人等的最大利益和最高喜樂）的方式發揮創意，打開「大宇宙」的金庫。你的財務資源可能會也可能不會直接來自種在你的創意花園內的農產品；不過，當它確實來自你的創意花園內的農產品時，收穫卻是無窮無盡，而且以美麗的方式改變世界。

第11章
你的創意花園

一旦你請求要接收到「大宇宙」的「神聖母親」，就等於開啟你的創意。創意屬於陰性腦。促使孿生姊妹的創意天才和直覺指示扎根接地，以及導入你的表意識覺知，兩者都需要你的陰性心智敞開且善於接收。因為你一定會想要在肥沃的土壤裡播下創意天才的種子，所以建議是，對被潛抑的陰性面進行分子清理。請從頭到尾讀完下述療癒體驗。就寢時做這則練習效果非常好（即使你還沒有完成就睡著了）。我們一定會為你照管這件事。

準備工作：清理掉被潛抑的陰性面

閉上眼睛，看見紫色門在你眼前開啟。門的另一邊是未稀釋的愛構成的紫羅蘭色火焰海洋。月亮很圓，她的光在波浪上舞動。

你的神聖女性和神聖內在小孩出現在門口，他們各牽起你一隻手，把你拉進慈愛的能量中。

你毫不費力地穿過紫羅蘭色海洋，來到一圈十二隻色彩繽紛、正在跳躍的海豚（「十二大天使」假扮的）中間。

躺下來，躺在打開來且等候著你的紅寶石色貝殼內。

海豚們開始哼唱搖籃曲，拔除你的分子和原子內古老而痛苦的故事。

說道：「我釋放我的女性祖先被潛抑、受虐、犧牲、自我否定、罪疚、無價值感、失去個人力量與自由的故事。我為我們全體寬恕這一切，即使事情不可原諒。」

在紅寶石色的貝殼內平靜地休息。「造物主」頂輪的紫羅蘭色火焰能量滲透進入你的人性的細胞之中，下行進入你的DNA。這一切感覺起來很奇妙。

祖母綠色歌唱之光與紫羅蘭色火焰一起出現。說道：「我釋放並寬恕那些表示陰性面和女性不可信賴的恐懼和謊言。我釋放並寬恕感覺我的感受以及聆聽我的直覺很危險的信念。我釋放並寬恕透過我的創意接收我的謀生方式，既不可靠又不安全且可能導致流放和飢餓的信念。我釋放並寬恕對人生、對人們、對任何選擇（違背我的意志或奠基於犧牲我的任何一位女性祖先的意志）的失望。我釋放並寬恕這則謊言：如果我請求任何東西作為服務神、人類、地球的回報，神和人類可能會懲罰我。我尤其寬恕：我的女性祖先過去接受的教育不可原諒。」

於是當太陽升起時，在你的觀想中也好，從你的睡夢中醒來也行，請說道：「感謝祢，中央太陽，使我浸滿對我的陰性面、我的神聖女性、大宇宙的神聖母親的愛與感恩。感謝祢，大宇宙的神聖母親，透過我的靈魂的神聖女性，重新增強我的清明直覺、創意天才和靈感、對神的信任。」

可以在你的「心」中找到你的創意花園。你的神聖內在小孩、神聖女性、神聖男性一直在為你照料它。他們歡迎你加入他們，享受從「本源」接收種子、種植種子、看著它們成長、收穫豐盛、分享財富的樂趣。我們要對你說的是，有許多「植物」和「樹木」生長在你的花園和果園裡。恐懼的老先生和老太太一定會設法告訴你，除非現狀被認可，否則沒有一項會成功。不要讓恐懼和懷疑的雜草在你的花園內生長。你如何做到這點呢？說道：「我臣服於我的靈魂的喜悅、愛、圓滿俱足。」我們信任你會將我們的園藝實務好好落實到日常生活中，而且鼓勵你始終保持至少一項創意方案或活動在進行。創意是使你的人生不斷收穫豐盛所需要的奇蹟成分。

「十二大天使」的園藝實務

小我和「靈魂」會根據你需要和渴望在人生中接收到的東西，提供可以栽種在你的創意花園內的種子。小我往往覺知不到它的絕妙點子是從「靈魂」下載的。若要不浪費時間辨別能存活的種子與不會發芽的種子，不妨請求「靈魂」賜予你可以栽種在你的花園內的種子。現在去聆聽你的神聖內在小孩，讓他為你解釋每一顆種子代表什麼。你一定需要「大宇宙」的「神聖母親」以無條件的愛、安全、保障澆灌種子。你也一定需要仔細聆聽「大宇宙」的「神聖父親」告訴你，需要採取哪些明確的行動。

正是透過你的神聖男性，你的頭腦才會體認到已經萌芽的天才想法。

你需要做什麼，才能培育這個想法，讓它長成一棵樹木，結出美味的果實呢？答案是「信任」。你一定需要請求「靈魂」使你對「本源」有滿滿的「信任」，也對你正在創造的東西有滿滿的尊重。這兩個做法（請求有滿滿的「信任」以及請求，對透過你的努力顯化的事物有滿滿的尊重），將會產生可以好好欣賞和分享的豐富收穫。第三個做法是：好好聆聽你的神聖內在小孩，因為風的方向可能會改變，而你的小我必須讓你的創意想法可以自由地選擇變形、加深、擴展、顯化。物質的顯化可能與小我的預測不同。練習臣服於你的「靈魂」的「意志」可以幫助你成為自豪的農夫，對土地裡長出來的東西感到驚喜又謙卑。

冥想練習 20

種植你的創意花園

從頭到尾讀完這則練習，然後允許你的神聖內在小孩以及直覺與創意孿生姊妹指引你穿過你的花園。

閉上眼睛，深呼吸幾下，讓自己歸於中心。走過紫色門，進入「心」的祖母綠色草坪。你的神聖內在小孩、神聖女性和男性、直覺與創意孿生姊妹正等候著迎接你。

跟隨你的幫手們進入你的花園，而且收到你的神聖內在小孩贈予的魔法種子，將它放進肥沃的泥土中。拿起直覺與創意孿生姊妹手中的灑水壺，用來自「大宇宙」的「神聖母親」的愛（從灑水壺流出來的水）輕輕澆灑種子。把手伸向天空，將一道「中央太陽」的光芒拉到你和你剛種下的種子旁邊。感受「中央太陽」的溫暖以及不斷增強的力量。

說道：「感謝你，有巨大潛力的種子，有一天你會變成樹木，結出許多人必會喜愛的美味果實。」

跟隨你的神聖內在小孩、神聖女性、神聖男性來到「大宇宙」的「神聖母親」的紅寶石色水池，允許你的整個存在浸滿紅寶石色的愛、安全、保障。

當你浸泡在紅寶石色的水中時，請求直覺姊妹告訴你，一直種在你的花園內的創意想法是什麼。你的神聖男性會將一頂紫羅蘭色帽子戴在你的頭上，幫助你的心智摒除懷疑。當你知道種下的種子代表什麼時，睜開眼睛，把它寫下來。

如果你很難與你的直覺知曉連結，我們建議你向你的神聖女性和神聖男性求助。請不要強迫頭腦想出答案，因為這只會召來恐懼的老先生和老太太。反而是要去散散步，專注於將一腳放在另一腳前方。當你走路時，在心裡說道：「我願意知道，而且我選擇愛。」你可以使用的另一項工具是將雙手放在流動的水下方或沖個澡。將注意力集中在流動的水給你帶來的感受。說道：「我願意因靈魂賜給我的點子而雀躍開心。」要有耐心；樹木需要時間才能生長，而且用果樹來比喻是有原因的。創意想法需要時間在你的頭腦內萌芽，它們也需要時間才能發展成為你注定要體驗到的方案、新職業、重大的人生改變或快樂的童年。當你在情緒上感到安全時，你的想法的細節和應用便會自行揭露，於是你的頭腦處在平靜的臣服狀態。因為你的直覺陰性心智必須與你的陽性心智連結，你的想法才能轉譯成為清晰的思緒，我們鼓勵你做分子擦洗來提升你的陽性面的振動。你需要陽性面的幫助，才能清楚地理解你需要做什麼才能向前邁進。

萌芽：解放被潛抑的陽性面

睜開眼睛，站起來，請求「中央太陽」的大天使麥可清理你的皮囊，內含害怕被評斷、羞辱、不被尊重或濫用你的意志力的恐懼。麥可將會送出祂的寶石藍色「真理與覺知之劍」，沿著你的脊椎而下。

既然你有大天使麥可最高振動的真理能量沿著你的脊椎上下流動，請好好呼吸，允許自己適應振動的轉換。

閉上眼睛。跨過紫色門，像勁力強大的魚兒一樣游向「天使」們圍成的圓圈，祂們在轉化與寬恕的紫羅蘭色火焰海洋中等候著你。

你的神聖內在小孩等候著你，你一進入圓圈，他便牽起你的手。

一道明亮的白色歌唱之光開始從你的雙腳下方升起，填滿你的身體。說道：「無論我的陽性面在哪裡被傷害、潛抑、迷失、憤怒、陷入罪疚和無價值感，或深陷在懲罰之中，我都釋放他。我為我的祖先們釋放他。我為我的前世釋放他。我寬恕需要被原諒的一切，而且我將他的所有傷害與痛苦傳送給中央太陽。」

顏色從白色轉變成鈷藍色。請說道：「凡是記憶所及，我的人類陽性面不得不撒謊、損害他的正直，或強迫他自己做了不符合他的最大利益的事，我全都寬恕。我釋放那一切，而且我將所有恐懼和謊言傳送給中央太陽。」

留神觀察海洋從紫羅蘭色轉變成綠松色。請求你的神聖男性，與「大宇宙」的「神聖父親」一起，恢復你的人類陽性面，回到勇氣、意願、自信、力量、聰明才智的最高振動。

下一項園藝實務會教你如何最好地支持幼苗生長。幼苗不愛別人擔憂它們長不大，也不愛別人強求它們在還沒有準備就緒之前就結出果實。等待對人類來說並不容易。小我想要即時的滿足，而且它想要知道未來。若要支持你的小我，請提醒自己，一旦你的想法被栽種下去，「靈魂」就會將這個想法該如何發展的下一步賜給你。在「靈魂」將下一步傳送到你的心智收件匣之前，我們建議，你跟你的神聖內在小孩一起在人生的創意花園中好好玩耍。要向你的神聖內在小孩子請求好玩且以有創意的方式滋養你的東西。這個活動無論屬於心智或身體，都會幫助你的人生成長和綻放。我們再一次提醒你，做著基於你的最高喜樂、你的最大利益、全體的最大利益的事，這可以幫助你接收來自「大宇宙」的豐盛。

冥想練習 22

在你的創意想像力花園中好好玩耍

建議你從頭到尾讀完這則療癒體驗。不妨隨意採用感覺上愉悅和啟發人心的東西代替你的「心」和小我。

閉上眼睛，做幾次深吸，跨過紫色門。等待你的是你的神聖內在小孩和他的龍。兩位都在對你微笑。

你的神聖內在小孩說出你的名字，把你介紹給你的三位守護「天使」。每位「天使」也都有一隻魔法龍，而且每隻龍呈現不同的彩虹顏色。

你的「天使」們將你和你的神聖內在小孩舉起，放在你的龍的背上。你的首要使命是要拯救你過去尚未實現的夢想。這些夢想可能來自前世，不然就是今生被你拋在一旁的想法，因為當年你看不見發展它們的財務價值或實用性。

所有的龍騰空而起，翱翔在高空中。巨龍的鼻孔和嘴巴流淌出什麼色彩的歌唱之光呢？在你的人生中，有沒有哪一個人讓你希望你的龍可以將氣息噴吐在他的身上呢？

龍飛進一條神祕的隧道，帶你回到過去。祂們降落在一顆已經熄滅的恆星上，那裡的一切看似灰燼，毫無色彩。「天使」們要求大家舒舒服服地坐在龍背上。一場音樂會即將開始。

你的守護「天使」們開始唱歌。所有龍開始用尾巴敲擊地面，發出你可以感覺到深入骨髓的低沉鼓聲。

灰燼開始移動且盤旋進入空中。一座最美麗的宮殿出現，而且透過一扇扇窗戶，你可以看見每間房間內有寶藏閃閃發亮。宮殿裡收藏著被你遺棄的創意想法、未完成的方案、被遺忘的夢想。

所有龍開始向宮殿噴吐彩虹色火焰，於是宮殿浸滿「中央太陽」的色彩。寶藏開始從窗戶飛出來，落在你的守護「天使」的雙腳邊。

你的「天使」們和神聖內在小孩為你整理寶藏，把有價值的寶藏收集好。關於寶藏，你需要知道的事，你一定會知道，而最好保持神祕的，還是會保持神祕。「天使」們和你的神聖內在小孩收集好所有重要且確實會實現的寶藏夢想，然後將它們放在你的龍背上的紫色袋子內。

你和你的神聖內在小孩魔法般地轉移到一隻新出現的龍的背上，而且你坐在一位「天使」後方。你的龍攜帶著你的寶藏直奔「中央太陽」，而你的「天使」帶你回到你「心」中的花園。

一旦你感覺到雙腳底下的祖母綠色土地，就握住你的神聖內在小孩一隻手，說道：「我召回我失去的力量。我將被遺棄的創意能量召回到我的花園，用最高振動的靈感重新充電。」

與你的神聖內在小孩一起環顧你的創意花園。哪些新種子正在生長呢？說道：「感謝你們，奇妙的新點子，有一天，你們會帶著真實的快樂幸福和持久的圓滿俱足賜福給我。」

點燃你的創意，支持花園生長

什麼因素促使某項活動變得有創意，以及促使另外一項活動成為你必須完成的事情呢？真實創意的到來伴隨信心的飛躍，那使你拉伸舒展，進入新的領域。真正的創意要求你相信自己。假使你不相信自己，務必請求「神聖一體性」使你的人性盈滿「信任」以及對自己有信心。人類可能會害怕冒險，因為擔憂評斷、失敗或兩者。假使你是這些人類之一，那麼請把你的恐懼放進紫羅蘭色火焰之中，將它轉化成勇氣。

激起你的創意開始於你願意感覺自己的感受，因為創意存活在你的腦部的陰性區。要不斷詢問這兩個相互關連的問題：「我感覺到的是什麼？我的感受跟我說我需要的是什麼？」一旦這成為你的第二天性，就可以毫不費力地詢問：「靈魂現在透過我創造的是什麼呢？」答案可能很簡單，好比解決一個問題、整理你的衣櫥或寫一封帶情感的電子郵件。你總是與你的「靈魂」一起創造你的實相，因此你不可能沒有創意。信任這點真實無誤可以幫助你的創意花園生長，幫助你接收到「大宇宙」。

我們請求你將創意視為透過古董幫浦（你的表意識心智）從「本源」流出的水。假使你的表意識心智充斥著恐懼老先生和老太太的訊息，說你有所不足，說創意與直覺兩姊妹沒有價值，那麼問題來了。從小我的視角看，這個課題可能會使你相信你的花園死了，然而實際上，你的花園卻十分鮮活——只需要準備好你的幫浦，就可以幫助來自「本源」的水流動。請按照我們的步驟準備好你的幫浦，你的創意天才方能以小我可以承認且使其不斷流動的方式流經你。

1. 當你聽不見也感應不到「靈魂」在你的花園內種下了什麼點子的時候，不妨將雙手或身體放在水裡。你也可以從事某種類型的身體活動，讓小我分心。這可以是家務活、庭院雜事、跑步、散步或游泳。我們不建議文書工作或競技運動作為準備創意幫浦的方法。

2. 讓自己沉浸在珊瑚色與橙色之中。看見這些歌唱之光的色彩以8字形的模式移動，從你的雙腳開始，穿過你的心輪區，在你的頭頂彎折。數字8的頂端會在你的頂輪頂部。說道：「靈魂，感謝祢點燃我的創意熔爐，幫助我的表意識心智好好聆聽、信任、感覺、體認到浮現的想法有何價值。」

3. 請求你的守護「天使們」用紫羅蘭色火焰吸塵器吸去心智的塵埃。請求將所有不夠好的念頭、應該的念頭、「萬一出錯了怎麼辦」的負面念頭吸出你的腦袋，傳送給「中央太陽」。

4. 如果累了，就小睡一下，休息時，看見自己裹著一條珊瑚色毯子。如果餓了，吃些橙色或紅色的食物。重複說道：「我交出小我的抗拒，臣服於靈魂的順流。」

5. 假使你仍舊不清楚你的創意花園內種下了什麼，不妨請求你的神聖內在小孩以及直覺與創意兩姊妹透過別人將訊息傳達給你。你要麼會聽見某人跟你說到你自己的點子，要麼聽見很接近的東西，於是記錄在頭腦裡。假使所有這些都無法準備好你的創意幫浦，那麼請重複這些療癒體驗，清理掉被潛抑的陰性面（見冥想練習19）和陽性面（見冥想練習21）。

6. 提醒自己，使你的創意幫浦運作並不是你的責任。這是「靈魂」和你的「天堂幫手」團隊的工作。知道這點本身便如釋重負，讓幫浦可以開始工作，你的創意天才可以開始流動。

冥想練習 23

點燃你的創意

閉上眼睛，雙手放在肚子上。深呼吸幾下，感覺到隨著吸氣，腹部膨脹到被雙手裹住，隨著吐氣，腹部緊縮。重複，直至你感到放鬆為止。

看見自己平靜地躺在紅寶石色浮板上，漂流在寧靜的紫羅蘭色火焰湖泊上。湖泊被一圈十二顆大水晶保護著，而且你可以看見彩虹倒映在湖水上。

說道：「無價值的自我啊，我承認你們，也愛你們。我現在將你們釋放到紫羅蘭色火焰湖泊中，轉化成為價值感。『我本是』願意分享我的創意努力。」

說道：「受損的自我們、受虐的自我們、受害的自我們，以及我內在覺得沒有價值的所有自我們，我承認你們，也愛你們。我現在將你們釋放到紫羅蘭色火焰湖泊中，轉化成為個人的力量和自尊。我邀請個人的力量和自信來重建我。」

說道：「相信只會失敗、很少成功的自我們，我承認並擁抱你們。我現在將你們傳送到紫羅蘭色火焰湖泊中，轉化成為成功。我召喚我與生俱來成功順遂的神性權利進入我的人性。」

說道：「感覺被隱藏、不被欣賞、不可愛、不幸運的自我們，我承認你們，也愛你們。我現在將你們釋放到紫羅蘭色火焰湖泊中，轉化成為自我尊重與正向承認。我歡迎滿溢的尊重與正向承認增強我的力量。」

說道：「內在被忽視的孩子們、價值被低估的孩子們、不被尊重的孩子們，我承認你們，也愛你們。我現在請求偽裝成水晶的十二大天使現身，將你們提升到母父神的慈愛懷抱中。我邀請本源的最高魔法重建我的創意想像力，讓我的創意花園內的樹木結出絢麗的果實。」

紫羅蘭色火焰湖泊開始在紅寶石色浮板下方移動，明亮的珊瑚色氣泡開始冒出來，浮到水面上。雙手抓住一顆氣泡，吞下。說道：「我允許我的創意之火和熱情可以澈底而喜悅地點燃。」

湖水的紫羅蘭色現在澈底轉變成鮮豔的金橙色。你可以看見紅寶石色、紫紅色、鮮紅色的閃光在珊瑚色氣泡下方跳躍舞動。召喚湖水的能量進入你的腹部，而且看見「靈魂」的創意之火填滿你，從頭頂到雙腳腳趾。

能量現在從你的頭頂、雙手手掌、雙腳腳底湧出。感覺不可思議。

說道：「我允許靈魂的創意之火和熱情，將我從對自己的創意缺乏信心的故事，移動到對自己真實而持久的尊重、自信、信任中。我感謝一切如是啊！」

小我可能想要丈量所有創意方案的成長與成功，那可能會使你感覺好像陷入蕁麻叢中。癡迷是小我擅長的事；不過，那可能會立即停止你的創意順流。除了癡迷外，完美主義也是召喚恐懼老先生和老太太在沒什麼不對勁的時候帶著懷疑、不耐煩、挫敗迅速入侵你的花園。要將生長在你的花園內的一切獻給「大宇宙」，「神聖一體性」才能擴展為你生長的東西。這個獻給「神」且讓小我放手的舉動，支持你的「靈魂」在地球上的創造和顯化能量，使其能以和諧而完美的神性秩序運作。

你的神聖男性，透過你的表意識覺知，將會辨識出你的花園的果實。你一定會被一步步地告知，該如何催熟水果、採摘水果、提供水果供人品嚐。直覺姊妹將會持續帶來你的神聖女性的指示，告訴你如何以最健康的方式分享你的收穫，不損害你的價值與正直。你的「靈魂」顯化出來的創意天才需要與他人分享。許多非凡的點子都需要其他人類的幫助，才能轉化成為可行的業務或產品。舉例來說，你發現一本非凡小說的種子在你的花園內生長。我們在自己想像的故事中加入你從來沒有把自己看作是作家。旋即，不信任瀰漫，不相信這個點子可能會長成一棵樹苗，更甭提一棵健康的樹木，有一天會結出可食用的果實。

「靈魂」為小我帶來的第一步，可能是將參加某個創意寫作課程的想法帶進你的頭腦，或你的神聖內在小孩可能會推你進入一家書店，於是你在那裡發現自己在購買一本書，書中談論如何寫作和出版你的第一部小說。我們希望再次向你保證，從接收那個想法到寫出第一個字詞、句子、段落，你的每一步都會得到指引。當你持續將你的故事交託給「本源」，你會發現你的寫作流動變得輕易許多，而且不知不覺中，你便準備就緒，要發表你的手稿了。

是否有某些時刻，你需要清除掉花園中懷疑和恐懼的雜草呢？答案很肯定。你的覺知和超然將會看見某個想法的種子演變成它注定要成為的一切。什麼因素促使我們「十二大天使」如此確信你一定會成功順遂呢？我們對你的「心」的強大力量有全然的信心，相信它可以吸引到你需要的幫助。無論「靈魂」播下一本書的種子，或某企業產品有益於地球教室的種子，你都一定需要其他人類將他們的創意天才添加到你的收穫之中，它才會有最美好的品質。讓你的「心的力量」為你帶來驚喜，吸引你確切需要的事物進入你的實相，也吸引最有利於支持你的創意表達的人們進入你的實相。直覺與創意兩姊妹將會與「心的力量」一起指揮你找到合作者，對方已經很擅長你選擇不要自己完成的事，這使你能夠有效而自信地運用你的時間和精力。

第12章
培養「心的力量」

你的「靈魂」希望你的小我快樂幸福。與「心」和「靈魂」相映契合的快樂小我，就是一道「中央太陽」的歌唱光芒。這樣的人類向「本源」請求得到渴望的一切。他們接收那一切，因為他們有耐心等待所有事物以神性秩序來到自己身邊。這樣的人類明智地盈滿「信任」，走路抬頭挺胸有信心，相信無論情況如何，自己總是被愛、被照料。他們很少悽慘，因為他們接受，他們在地球上是為了在人生的各個面向與最偉大的未稀釋的愛的「力量」合作。你擁有我們的全面支持和鼓勵，可以成為這個人。我們承認你的勇氣，而且提醒你，你本該天天體驗到安全、有保障、快樂、富裕的童年。這始終是「母父神」為你制定的計畫。現在時候到了，你該運用小我的能量，專注於感恩你已經展現的本性，即使你還沒有達到最終目標。感恩是心態，它將會支持你體驗到「如其在上，如其在下；如其在內，如其在外」法則的最佳結果。你生來就有能力吸引你需要的所有最高振動支持你。你同意最成功的農人擁有莫大的幫助和最佳的天氣嗎？

我們完全承認，並不是所有創意活動都需要被象徵性地看成一棵可以擴展成果園的果樹。直覺與創意兩姊妹也可能會提供聚焦於享樂的點子。鼓勵表達你的創造熱情的愉快活動幫助你接收到「本源」。當你花時間待在你的創意花園中，「靈魂」可能會傳送令人興奮雀躍的想法給你，讓你可以接收到「母父神」給你的薪資。如果你不需要謀生賺錢，因為你天生財務狀況良好，那麼「靈魂」會將靈感傳送給你，告訴你如何轉換意識，參與地球教室的更高階服務工作。為什麼呢？因為第二個神性法則「一的法則」。當你做事基於你的最大利益和最高喜樂以及全體的最大利益時，人生只會越來越好。運用「心的力量」（透過第三項神性法則）吸引你需要的幫助，可以將你的創意想法轉化成造福他人的服務，這必會確保你的成功。以「心的力量」吸引並不是你必須花多少金錢才能買到的事。當你提升你的振動、敞開你的人生、樂於信任「靈魂」時，那就是「造物主」賜給你的東西。

以「心的力量」吸引只不過是所有三項神性法則代表你協同合作，加上你的小我運用正向意念積極參與。你可以覺知到已經吸引到自己實相中的事物，藉此看見以

「心的力量」吸引如何在日常生活中運作。舉例來說，假使你需要支持才能開展某項新業務，而你的隔壁鄰居按響了你家的門鈴，提出要為你製作令人印象深刻的網站，那麼你可以看見，你在以「心的力量」吸引這事上運作得非常好。話說回來，如果你正在求助卻沒有人可以幫你，那麼這告訴你，你在以「心的力量」吸引這方面需要來自「靈魂」的推動。記住外在反映內在，這有助於體認到，在以「心」吸引這方面，你是否正以充分的「靈魂力量」運作著。

在地球教室上，你的一部分教育要求你與其他人類打交道。完全自給自足且避免與他人有任何類型互動的人們可以確信，在某個來世，他們必定會有某種身體上的依賴，必須請求和接受他人的幫助。害怕人際互動的人們關閉了以「心的力量」吸引，為的是在情感上保護自己。多數人類的「心的力量」可以因八項基本療癒方法而受益。你需要這些工具協助你轉化過去的悲慟、憂傷、失落。悲慟堵塞人體的肺部系統（心臟和肺部）以及「心的力量」的流動。請從頭到尾讀完這則練習，邊進行邊觀想各個步驟。這是一次深度療癒體驗，可能會使你因為大大釋放憂傷而暫時在肉體上感到枯竭。給自己時間好好休息，信任你的能量一定會隨著吸收來自「靈魂」的喜悅而回復。請不要跳過這一步，因為對於喚醒和擴展以「心的力量」吸引，這一步至關重要。

轉化你的心痛

深深地吸氣，然後完全吐氣。走過紫色門。加入你的神聖內在小孩、神聖女性、神聖男性，你會發現他們站在一座淺水湖中，在純粹、未稀釋的愛的白金色瀑布底下。歡迎你的祖先們加入你們，來到這座美麗的瀑布底下。對他們說：「感謝你們，來自我的母系、父系以及累生累世的祖先們，感謝你們參與我為你們帶來的悲慟、憂傷、失落的轉化。」

邀請你的所有受傷自我，在情緒上、心智上、心靈上不堪重負的自我，以及今生心碎的自我，加入你和你的祖先們，在未稀釋的愛構成的白金色湖泊中。開始輕聲唸誦：「我寬恕這一切。我為我們大家寬恕這一切。」

隨著你說出這段祈禱文，瀑布轉變成具有轉化與寬恕能量的紫羅蘭色。打開你的胸腔，彷彿它是一扇魔法門。請求你的祖先們、神聖「自性」、受傷的人類自我跟你一樣打開他們的心門。

說道：「悲慟，我承認你。失落，我承認你。憂傷和不知所措，我承認你們。我將你們釋放到寬恕的紫羅蘭色火焰瀑布中，請求你們返回到中央太陽，轉化成為豐盛的喜悅。」

好好聆聽你的祖先們、神聖「自性」、受苦的人類自我承認需要被承認的一切。一股巨大的黑暗能量波，嚐起來像鹹鹹的眼淚，在它被釋放、離開每一位參與者之際大聲呼喊。你的神聖內在小孩正在為你的受傷小孩釋放，你的神聖女性正在為你的人類陰性面釋放，而你的神聖男性正在為你的人類陽性面釋放。

黑暗一消散，瀑布和湖泊就轉變成乳白色，閃爍著金光與銀光。天空滿是「中央太陽」的白金色光輝。

一起說道：「我召喚我在幸福人生中的喜悅與信任，融入我的人性之中。」重複，直至你感到輕盈而自由為止。感謝你的祖先們，看見他們登上通向「天堂」的白色大理石階梯。看見你自己後退，跨過紫色門，然後繼續閱讀，發現若干有用的工具，可以啟動你的「心的力量」。

啟動和擴展「心的力量」的八項日常工具

我們有八項工具可以幫助你極大化地發揮「心的力量」的正向力道。

第一項「心的力量」啟動和擴展技巧是：練習覺知到，你目前正吸引什麼進入你的人生電影，以及運用「如其在上，如其在下；如其在內，如其在外」法則，轉變正在發生的事。舉例來說，如果你遇見一位心情不好的餐廳服務生，於是請求你內在心情不好的任何自我，登上一艘紅寶石色獨木舟，划著槳，沿紫羅蘭色火焰河流前行，去到「中央太陽」。以「神聖母親」的愛澆淋你自己和那位餐廳服務生，然後留神觀察外在實相的變化是否鏡映出你如今擴展後的內在。餐廳服務生的心情將會改善，不然就是那位服務生不見了，換成新的服務生。假使你發現，別人沒有好好聆聽你說話或理解你正在對他們說的話，那麼這個技巧也非常有效。花點時間好好聆聽你的神聖內在小孩，找出你沒有聽到的話。這麼做將會很快地改變外在的實相，使之與內在相符，於是你將會被看見、聽到、理解。

「心的力量」始終在運作，而且你越是持續覺察，就可以越快轉換你目前活出的電影。最後一個例子講的是超級善於付出的人。你樂於吸引跟自己一樣的人而不是耗竭你的能量的人嗎？當你覺知到自己正面對需索無度、情感空虛的人們時，不妨請求「本源」使你的整個存在溢滿未稀釋的愛，直至你感覺好像你是一座愛的間歇泉為止。不僅每一個人都會感覺比較好，而且你也不會再吸引希望你填滿他們的人進入你的個人空間，因為他們真正需要的是為自己接通「本源」。當你與在自己的實相中體驗到的事物保持連結且拒絕成為受害者的時候，擴展你的「心的力量」便自然而然地發生。你反而要詢問這個問題：「這個體驗讓我看見關於自己的哪些東西呢？」要用愛轉換你的振動，改變你與自己的內在體驗，從而改變你與他人的外在體驗。

第二項擴展「心的力量」的做法是：寬恕自己以及凡是在過去曾經傷害過你或令你失望的人們。寬恕啟動並擴展「心的力量」。假使你正在傷害自己，那麼你可能會吸引到受傷的其他人或可能在某方面不尊重你的其他人。因此，重要的是，要落實我們的第一項工具，持續覺察你目前已經吸引到什麼進入你的人生，尤其是當你已經請求過「大宇宙」的「神聖母親」，表示要接收某樣特定的東西時。請給予自己這份禮物：放下老舊的傷害、憎恨、錯誤，完全寬恕它們。寬恕，尤其是寬恕你自己，幫助你在體諒和尊重的最高振動上吸引到你需要的可靠支持。

第三項「心的力量」的做法是：接受你是「大宇宙」的神聖小孩，因此值得給予自己無條件的認可、尊重、接納。使你的人類自我盈滿無條件的愛，以及全天候感謝「神聖一體性」，你的「心的力量」將會因此而擴展。「心的力量」來自於你的神聖內在小孩。你的小我越是臣服於聆聽這位有智慧的賢人，你就會越快將你確切需要的人事物引進你的人生。

第四項「心的力量」擴展工具（可以增加「心的力量」的能量及其顯化的速度）是感恩。感謝你的創意想法以及發展這些想法的每一步，會將支持與成功帶進你的人生。當某項園藝挑戰出現時，不要認輸，而是要感謝挑戰，因為它是你的老師。既然你已經學會了在方案內部或你自己內在或兩者之內該調整什麼，那麼可以確定的是，你的樹木將會結出味道更美的果實。感恩「天使」們、「天堂幫手」們、你的更高「自性」、那些挑戰，乃至你的小我，有助於「心的力量」擴展其影響範圍。

第五項「心的力量」解放技巧是：持續用心覺察任何限制性或懲罰性的宗教信念，那些信念可能會阻礙或減慢「心的力量」。在潛意識或表意識層次相信你不配接收來自他人和「神」的東西，會限制「心的力量」。與這點類似的信念是，害怕因為求助（即使你為此付出代價）而受到懲罰。某些宗教教義鼓勵受苦作為一種提純淨化，如果這個信念被啟動，你可能會發現，很難接受你需要的幫助或你已經掙得的成功。潛意識可能會把體驗到匱乏（或需要的支持少於你的需求）看作是完美的受苦形式，可以提純淨化你。當「心的力量」不足時，即使你已經清理掉受苦、犧牲、不配接收感，也務必執行以下這件事。將書籍（信念）放入紫色箱子中，然後存放到紫羅蘭色火焰河流中轉化。任何被困住的恐懼都會流回到「中央太陽」，而且將會成為清明的「心的力量」回到你身上。

第六項「心的力量」工具是：如果正在生長的東西沒有像你希望的那樣快速生長，請停止對其施壓。與小我的期待相較，你的神聖內在小孩對於豐盛花園與潛在收穫是什麼模樣可能有不同的看法。來自小我的壓力只會導致焦慮，那會迅速削弱可用於種出最優質農產品的「心的力量」。當你感覺到有壓力（時間壓力、財務壓力、受傷自我的壓力或外來壓力）時，不妨說道：「我將這份壓力傳送給中央太陽。我把我的所有擔憂交給靈魂照料。」深呼吸幾下，直至你再次感到平靜為止。

第七項「心的力量」啟動工具是：將焦點從任何恐懼或負面的念頭轉換成愛的念頭。選擇愛將會點燃你的「心的力量」，使你立即感覺到有希望。當恐懼的老先生和老太太爬進你的花園並種下懷疑的雜草時，要選擇愛。當他們帶來任性拖延時，要選擇愛。而且當他們使小我充斥著被魔法父母拯救的渴望時，要選擇愛。跨過紫色門，觀想一陣彩虹色的愛降落在你的花園以及正在生長的所有植物上。吸進未稀釋的愛的浩瀚遼闊，請求「靈魂」使你和你的產品盈滿信任，使你很有信心，相信你是「神」的神聖小孩。

第八項「心的力量」敞開技巧是：注意你何時因為玩得開心、發揮創意、享受人生、照顧好自己而有罪疚感。罪疚謀殺「心的力量」，使你對發揮潛力感到比較沒有自信。你需要的所有幫助（好讓創意天才的種子可以發展成為結出美味果實的樹木）都會來到你身邊。一定會幫助你收穫成果、銷售成果、將成果運送給因此受益的人們。「心的力量」將會以使你感到浩瀚和喜悅的方式，吸引達致成功所需要的人們、資源、機會。這發生得順乎自然，不強迫，不操控。

冥想練習 25

啟動「心的力量」

閉上眼睛，專注於呼吸，直到你的頭腦安靜下來為止。跨過紫色門，注視著開花的果樹。聞一聞它們的芬芳，感謝它們的美麗、香氣及其所分享的洋溢潛力。

與你的神聖內在小孩、神聖女性、神聖男性一起，收集好你在樹木基部發現的書籍，將它們扔進位於果園中間的大型紫羅蘭色火焰垃圾箱。這些書代表局限人心的信念，它們告訴你，你不准成功或實現夢想或享受你渴望的自由。

當你把書放進垃圾箱時，說道：「我釋放。我寬恕。我允許我的心吸引我在此人間天堂生活所需要的一切。」

你的神聖男性遞給你一把金鏟子，指示你挖掘每棵開花果樹的根部周圍。在此，你會發現你不想觸碰的小型書。你的神聖男性和神聖女性會從泥土裡取出這些書，將它們擺放在排在紫羅蘭色火焰垃圾箱底部、代表最高「真理」的寶石藍色煤炭上。這些書代表謊言，它們告訴你，你生來有罪、你不配向「本源」請求你需要的東西、你並不可愛。可能偶爾有一本書描述你何以永遠是個輸家，以及地球上的人生永遠是不斷的爭鬥。所有奠基於謊言和充斥著恐懼的信念都要被放到大垃圾箱裡。再一次，說道：「我釋放限制我接收的一切謊言。我寬恕一切謊言。我允許我的心吸引我需要的一切，可以活成造物主的孩子，快樂、安全、無負擔。」

你的神聖內在小孩要你爬上果園中間那棵巨大的橡樹。請選擇一根樹枝，然後坐在一起。

你的神聖內在小孩露出會心的微笑，他雙手放在你的心上，請你做一次深呼吸。一切轉變成有金色閃光的祖母綠色。你只感受到「靈魂」內含的未稀釋的愛和信任。在這個時刻，放下小我相信你需要才能成功的一切人事物。說道：「我將一切交給我的靈魂和我的天堂幫手團隊，由祂們指揮和照料。」

你的「天堂幫手」團隊坐在一棵巨大橡樹的高層樹枝上。我們聽見你想要傳達的一切。你的「心」想要說什麼呢？你的人生電影目前欠缺什麼呢？與我們分享你目前欠缺的東西。我們要說的是，我們已經知道，然而對你而言，把那些話說出來展開你的意願，擴展你的「心的力量」。

假使你的小我允許，請說道：「我釋放財富對我而言是什麼樣子的畫面。我允許自己接收到的遠遠超出我認為我想要的。我允許自己成為被愛、被照料、什麼都不缺的孩子。」

第13章 收穫你的花園

在決定如何將你的創造努力帶進世俗世界之前，要對你的花園滿懷感恩。要對每一個點子和靈感表示感謝。對來自天與地的所有幫助表示感謝，感謝它們進入你的人生，支持你的方案顯化。允許你的追求得以實現的創意表達與意願等於是永恆財富的源泉，從「大宇宙」透過「靈魂」流向你。我們重複這點，目的在卸除你的小我的壓力。小我相信，它必須熟悉內幕並掌控全局。操控將會大大地限制你的收穫以及你如何行銷收穫的成果。知道該收穫什麼開始於反問自己這個問題：「我想要什麼呢？」詢問這個問題可能會觸發恐懼的老先生與老太太「不夠好」的警報器。在你規劃要收穫成果之前，先讓你的花園滿溢紫羅蘭色火焰是絕佳的辦法。

收穫你的花園需要放下過去發生或未發生的事，因為什麼東西該要收成屬於此時此地。因為你的神聖男性是你的小我心智的最高振動，所以重要的是，請求你的神聖男性將你的直覺（神聖女性）轉譯成準確的用詞和感受。你也可以請求直接與創意與直覺孿生姊妹交談，於是你的神聖男性會將她們的指示清楚地烙印在你的頭腦中。保持你的直覺感受與印象的振動正向積極，可以幫助你的小我扎根接地。它也幫助小我運用你的「心」回歸中心，能夠專注於一次向前邁出一步。

至於該如何處理你的收穫，你將面臨的最大挑戰是管理小我的期待。「靈魂」會把你的期待當作馬桶疏通器，用來拔除潛意識層次的恐懼。我們會為你帶來一則「地球教室」範例，幫助你理解這個非凡的進化過程。假設你是發明家，發明了一項幫助地球的新技術。在你看來，你完全確信你的新科技輝煌燦爛、是神送來的禮物。小我根本沒有考慮詢問你的更高「自性」下一步該做什麼，就先確信你最需要的是來自投資者的金錢。當你接近投資者的時候，對方的回應是詢問你，目前為止，你的發明賺了多少錢。他們對你的發明的實際潛力並沒有表現出太大的興趣，於是由於他們的拒絕，你陷入恐懼的老太太和老先生的陷阱。

在我們的假想故事中，這個小我並沒有運用「心的力量」將需要的幫助化為現實，那份幫助並不是金錢。這個小我並沒有徵詢神聖內在小孩的意見，好讓小我明白，他們需要什麼才能與世界分享自己的發明。這個小我不記得振動就是一切。這個小我需要做的是，將發明交給「大宇宙」，然後耐心等待直覺與創意兩姊妹揭露下一步。小我想要即時的滿足，因此向外在世界尋求解決方案，而不是向內走，連結「本源」。在落實耐心的同時，這個小我勢必得益於請求他的神聖內在小孩與「神聖母親」連結，以及接收能夠為他打開下一扇門的人進入他的實相。當那扇門準備好要開啟時，無須用力，門便會打開。隨著門的開啟，這項發明就會循序漸進地找到走進世界的路。你可能會問道：「可是金錢呢？這位發明者難道不需要大量金錢才能讓這事發生嗎？」我們要說的是，在金錢進入這則故事之前，發明者並不需要金錢。當需要金錢時，「神聖一體性」就會把金錢傳送給發明者。當小我推動和堅持時，你往往最終感到被奴役、被利用、被欺騙。收穫你的花園需要信任、耐心、直覺、完美的時機。

要學會臣服與信任，你創造的一切並不是你自己一個人的創作。「神聖一體性」負責支持你的創意以及幫助你的小我進化。你的進化是非常寶貴的資產，因為隨著你的進化，人生變得比較容易、比較流暢。小我視為錯誤的事，「靈魂」看作是學習的機會，而小我視為被拒絕的事，「靈魂」看作是小我在學習信任與耐心。小我視為毫無收穫的事，「靈魂」看作是有價值的學習和重新定向。我們要說的是，有智慧的小我絕不放棄。你確實需要學習臣服於「靈魂」，允許「意想不到乃至更好的東西」出現在你的花園裡。當你的小我沉迷於你期待要發生卻沒有發生的事情時，你可以做些什麼來幫助你的小我呢？當顯得清晰明確的前進道路看似遇到了障礙時，你又可以做些什麼來幫助小我呢？

冥想練習 26

拯救小我

請求你的神聖內在小孩將一頂內裡襯著祖母綠色絲綢的天鵝絨紫羅蘭色火焰帽子戴在你頭上。你希望這頂帽子多時髦，它就多時髦。我們建議你，允許你的神聖內在小孩成為這頂帽子的設計師。說道：「我放下我的頭腦與皮囊中的操控、挫敗、罪疚、焦慮。我釋放這一切，即使我不想釋放。只要我感到被母父神遺棄以及對祂失望時，我就寬恕自己。」

跨過紫色門，躺在位於繁花盛開的青蔥花園中間的紅寶石色沙發上。請求你的神聖內在小孩為你帶來直覺與創意兩姊妹。說道：「我需要什麼才能向心中尚未滿足的期待學習呢？你們能否幫助我理解，為什麼發生的事遵循神性法則，因此一定符合我的最大利益呢？」那對學生姊妹將會重複回答，直至你收到答案為止，而且答案的真實性感覺不可動搖。

從沙發上站起來，走進你的創意花園。感謝每一棵活著的幼苗和樹木，以及樹上的果實為你提供在地球教室上茁壯成長所需要的一切。重複說道：「我很感恩」，直到平和的決心盈滿你的身體為止，於是你知道，你準備就緒，要將你的未來交給「靈魂」指揮。

在你離開創意花園之前，請求你的神聖內在小孩帶你去到鮮綠色且金光閃閃的瀑布。你們站在一起且裝滿「信任」。「信任」是金色的甘露，幫助小我放下操控，讓你可以信心飛躍，進入意想不到的境地。接收不斷流動的豐盛要求你要每天更加信任。

該要詢問你的神聖內在小孩的問題是：「我們準備好要與他人分享我們的創意表

達的第一批收穫了嗎？」恐懼的老先生和老太太可能會暗示，你的果實永遠不會成熟。然而，當你的「心的力量」吸引到第一位客戶時，那就好好分享成果。而且當對方品嚐果實的時候，要滿懷感恩，感恩未稀釋的愛曾經一開始是種子而現在卻嘉惠另外一個人。當你學會欣賞透過你出現的東西就是「本源」的神性本質的時候，你的收穫就會增長。對藝術家和「頗有才氣的天才」來說，很難將他們的自我價值與源自於「造物主」的東西分隔開。請求「靈魂」使你盈滿對你的神性的覺知，可以轉化缺乏自尊心和害怕被拒絕。在你的人生電影中成為真實的本真自我，幫助你體驗到你所渴望的成功。

我們準備就緒，要教導你如何創造新的財務實相，即使（真實或想像的）財務困境從未成為你的人生電影的一部分。人類已經犧牲掉自己的創造天職太久了，全都是為了擁有「財務保障」。我們要對你說的是，這全是謊言，旨在讓你服從，以及將你的力量和寶藏交給可以用恐懼的老先生和老太太制約操控你的人們。邀請你掙脫束縛，走出過時的幻相。當你掙脫束縛，「靈魂」的歌唱之光便擴展，更進一步深入迫切需要「真理」與自由的黑暗。畢竟，親愛的，你是「中央太陽」的一面鏡子。

第4部

創造新的財務實相

「母父神」知道如何將你需要的東西帶給你。
始終以最高振動的方式滿足你的需求，
效果遠遠優於只是擁有許多金錢。

——「中央太陽」的「十二大天使」

第14章

神性法則與金錢

邀請你好好體驗奇蹟的創造，只要保有這個意念：任何形式的貨幣均來自「神聖一體性」。心中懷著金錢來自「本源」的意念，立即提升金錢思想念相的振動，幫助你透過「大宇宙」的「神聖母親」接收金錢。「神聖母親」知道如何支持你，而且她知道，該如何為你這個以人類身分生活在地球教室上的「靈魂」帶來你所尋求的安全保障。以貨幣交換服務或產品的古老思想念相是恐懼老先生的發明。我們相信，時候到了，該要改變金錢的「支配」，將奴役你的手銬和腳鐐扔進紫羅蘭色火焰垃圾桶。當你認為自己需要金錢時，要深入內在並問道：「我真正需要的是什麼呢？」解決這個問題的簡單方法是反問自己：「一旦我有了那筆錢，我要怎麼處理呢？」你要花掉它嗎？把它存起來因應緊急情況嗎？慷慨地與他人分享嗎？囤積那筆錢，因為它是你必須仰賴的一切嗎？拒絕那筆錢嗎？

讓我們從最高振動的花費開始。當你知道你要用那筆錢購買什麼東西的時候，那就請求「大宇宙」、「母父神」、「造物主」、「靈魂」為你提供你所渴望的東西。我們舉一輛新車為例。從外在看，購買新車告訴你，你內在想要以新的方式經歷人生。當你說：「靈魂啊，我準備好了，要以新的方式經歷人生。感謝祢提供我一輛新車。」然後自在地告訴「靈魂」你夢想的車子。假使「靈魂」同意你，那麼你的「靈魂」和「天堂幫手」們將會確保你擁有購買新車所需要的資源。你可以請求「本源」使你盈滿自由自在與接收你夢想車子的價值感，藉此幫助「靈魂」。經由與「如其在上，如其在下；如其在內，如其在外」法則合作，你使「造物主」可以更輕易地將資金傳送給你，那可能會以宛如奇蹟的驚喜來到你身邊。

「能量法則」表示，存錢因應緊急情況降低你的能量振動，因為那建立在恐懼上。我們明白，假使知道自己永遠會有食物、衣服、住所、醫療保健、交通工具，那麼每一個人類都會感覺比較舒服自在。鼓勵你保持高頻並說道：「感謝祢，神聖母親，使我的人性的每一個細胞盈滿情緒保障與人身安全。」從「感謝你」開始，你正在運用感恩，那是一種未稀釋的愛的品質，將你的能量振動提升到「中央太陽」的最高頻率。經由請求盈滿「神聖母親」的安全與保障，你正在啟動你的「心的力量」，透過地球的世俗層面接收到「本源」。你準備好要消除未雨綢繆的恐懼，讓自己相信，在需要的時候，你總是會擁有需要的東西嗎？假使你的答案是肯定的，那就感謝「大宇宙」的「神聖母親」使你盈滿情緒保障與人身安全。此外，感謝她提供你需要的幫助和財務資源，而且在完美的神性時機到來。你總是會獲得需要的現金流因應艱難的處境、資金短缺或緊急情況，也許不是以小我期待的方式，但它一定會出現。

與他人慷慨地分享你的金錢啟動「一的法則」，而且這是明智的做法。我們要補充的是，分享使你感到快樂而不是枯竭。當你寬恕某項財務負債，因為樂於分享而分享，而且落實慷慨，你就是在與所有三項神性法則合作，於是你的財務資源一定會增加。假使你一開始就很充足，你會發現，你不可能將儲備金耗竭到低於你需要感到有保障的水平。付出是「母父神」和「地球母親」不斷在做的事，而且對你來說，分享你的繁榮只會迎進更多的豐盛。

囤積金錢是由於情感上非常貧乏。即使這些人擁有的金錢足以讓他們在地球教室上花費十輩子還有餘，他們內心深處仍然覺得不安全。這種不安全感反映在他們覺得受威脅，可能會失去自己的金錢，或是如果分享的話，他們可能會沒有足夠的金錢。這暴露出不信任「靈魂」與「神聖一體性」。囤積金錢的人正在設法運用他們可以操控的東西來取代父母一方或雙方的愛與關懷。請求你不要評斷這樣的人，而是慈悲對待他們。因為他們的受傷自我正在設法忽視所有三項神性法則，所以他們一定需要再回到地球教室，直至他們選擇愛而非恐懼為止。我們希望你可以看見，你永遠不會得益於緊緊抓住金錢不放，彷彿金錢比幸福快樂、充滿愛的關係、健康更有價值。從我們的視角看，你已經被恐懼制約，相信金錢就是「神」，以及這位財神可以使你擺脫悲慘的人生。除非你尊重未稀釋的愛的價值，否則請求「大宇宙」庇佑你財務自由並不會使你免於焦慮。要請求「母父神」使你盈滿內在深層的保障感，明白你永遠會得到充足的供應，而且始終可以歡慶你的人生就是平安。

排斥試圖從「本源」來到你身邊的財務豐盛是我們很熟悉的故事。我們孜孜不倦地努力幫助你接納自在地看待金錢，而不是在能量上封鎖或排拒資源，因為你的潛意識告訴你，你身處險境。有時候，在接收金錢時，不只潛意識可能感到不安全，小我也可能感到不安全。假使曾經有與請求得到金錢、接收金錢、借貸金錢、投資或賺錢相關的創傷，那可能會使你與金錢的關係產生嚴重的不信任。為了避免懲罰、丟臉、痛苦，過著「勉強糊口」的生活可能比較容易。我們提供一項療癒練習，幫助飽受這類痛苦的人們擺脫這類創傷。接下來療癒體驗中的轉化能量，將會持續發揮作用，直到過去被寬恕為止。

冥想練習 27

清理財務創傷與苦難

閉上眼睛。深吸一口氣，然後完全吐氣。當你感覺歸於中心時，走過紫色門，向左看，尋找向下通往黑暗地下室的階梯，黑暗地下室象徵你的潛意識。

大天使加百列會在階梯頂等候你。加百列給你和你的神聖內在小孩一盞有紫羅蘭色火焰的燈籠，並在你們周圍設置一圈有許多色彩的力場。

你們沿階梯下行，開始聽見被鎖在地下室牢房內的人們的呼救聲。它們象徵不信任和沒有信心，不相信你可以安全獲得金錢和幫助。某些代表因為需要協助或因為某個前世一貧如洗而被人嘲笑的羞辱記憶。某些聲音屬於你的祖先們，他們由於戰爭蹂躪了生活而苦苦掙扎。

對那些聲音大喊道：「我們聽見了！我們的到來是要使你們擺脫苦難、憤怒、罪疚、羞愧。」

加百列與你的神聖內在小孩一起，將燈籠中的紫羅蘭色火焰吹進地下室，於是地下室和每間牢房盈滿不斷增長、擴展的紫羅蘭色火光。囚犯們接住紫羅蘭色火光，吞下去。每一個囚犯都說：「我寬恕我的罪疚和羞愧，即使我的罪疚和羞愧感覺不可原諒。我寬恕曾經傷害過我的人們。我寬恕曾經蓄意利用我的人們。我寬恕這一切，而且我把恐懼和心痛交給中央太陽。」

受傷的人們逐漸消融在寬恕的紫羅蘭色火焰中。你的燈籠中的火焰轉變成絢麗的珊瑚色，屬於「靈魂」的創造力的色彩。貼著地下室牆壁矗立的書架開始成為焦點。這間地下室已經逐漸變成大教堂的大小。

大天使麥可出現，與你的神聖女性和神聖男性一起，將書架上的書籍拿下來，那些書證明，為什麼你在缺錢的時候卻覺得請求得到金錢很不安全。他們也移走證明你渴求財務奇蹟和救濟降臨其實很不安全的書籍。

其他書籍的故事講述這則祕密：無權擁有金錢、舒適、財務保障的人們，與總是得到不只心中欲求的人們之間有何不同。一本大書講述這則謊言：錢多的人優於錢少的人。時候到了，該要讓大天使麥可將所有書籍帶到「中央太陽」轉化蛻變。

說道：「我釋放使我陷入匱乏、罪疚、貧窮、任人差遣、犧牲、無價值感、艱辛的老舊謊言。我為所有相關人等寬恕這些老舊故事，而且將這些故事交給造物主。」

地下室（大小如同大教堂）的天花板打開，於是「中央太陽」的光芒傾瀉到地下室的空間中。你被提升進入天空中，然後被安置在祖母綠色的土地上。

你看見眼前一張有筆和紙的寫字台。請留神觀察如魔法般出現在紙上的內容，看著「靈魂」寫下所有你真正祈望得到卻從來沒想過有可能得到的東西。呼吸一下，然後說道：「我臣服於我的靈魂的豐盛繁榮。我允許自己接收靈魂對我的一切渴望。我同意放下害怕沒有錢以及操控金錢從哪裡來。我把一切交給靈魂。」

既然你樂於接收「大宇宙」賜予你的金錢，我們希望與你分享關於金錢的「真理」。金錢與神性法則的頻率不同，神性法則是建立在未稀釋的愛之中。尊重神性法則的教導和邊界，可能很難顯化振動低階許多的金錢思想念相。我們會幫助你轉化此一振動差距可能為你今生或另一世帶來的憂傷。你的「心的力量」具有吸引力，可以直接召來金錢，也可以在金錢進入你的錢包和銀行帳戶的路上轉化金錢的振動。地球上有許多人希望你永遠想不明白這件事，因為他們感覺到自己的力量來自於恐懼而不是來自於愛。運用愛的力量轉化金錢的思想念相，可以為你以及地球教室上飽受財務匱乏之苦的人們改變財務困境和焦慮。感謝你幫助我們改變金錢、貨幣、信用卡、簽帳金融卡、股票、投資的實相。銀行貸款、信用卡債與地球教室上的貨幣兌換相關連的其他一切，都可以被轉化成為更高的振動。

當你活出有創意的人生且分享生長在你的創意花園內的東西時，你便提升金錢思想念相的頻率。目前金錢的思想念相深深沾染了恐懼，以及恐懼老先生和老太太的所有特質。改變金錢的實相等於是從你的內在重新創造它。隨著你這麼做，金錢一定會進化，而且對於將會因為擁有金錢而受益的人們來說，取得金錢變得容易許多。有一天，在地球教室上，金錢將不再流行，因為人類會憶起他們是「神的子女」，有能力顯化，不需要金錢的思想念相。現在，我們需要教導你如何重新創造你自己的自我價值，讓金錢提升到你的愛的頻率，使你輕而易舉地接收到金錢，因為你是「大宇宙」有愛心、有創意、善於付出的神聖「小孩」。

第15章

轉化蘊藏在金錢思想念相之內的恐懼

第八脈輪掌管保護與提純淨化，它是靈性能量電池，位於你頭頂上方的空間。這個高層脈輪的作用之一，是連結你的超意識心智與你的表意識心智。第八脈輪的白色火焰中藏有一只神祕的黑盒子，內含金錢思想念相的故事（信念範型）。這只黑盒子滿是資訊，包括貨幣的起源、移動、操縱，以及關於這一切的祕密、謊言、權力遊戲。雖然你可能很想打開盒子，查看是否有任何有用的資訊，可以提供你生產和倍增金錢的工具，但我們的建議是，讓這只盒子保持關閉狀態。就「真理」而言，鼓勵你把它鎖好，然後請求你的更高「自性」，每天至少一次，把它傳送給「中央太陽」。說道：「感謝你，靈魂，我的更高自性，把黑盒子傳送給中央太陽。我選擇愛，而且我選擇接收最高振動且符合全體最大利益的財富。」

黑盒子從哪裡來的呢？很久以前，在你們的星球上，一個小我社群逐漸變得與他們的「靈魂」斷連得非常厲害，或者說，他們的小我相信本該如此，於是他們創造了貨幣的思想念相。

最初發明貨幣是作為欺騙和盜竊的精明方法：給人無足輕重的金屬或石頭，交換有價值的物品。這個點子很成功，於是金錢思想念相化為具體的貨幣。隨著貨幣的發明，借貸和負債很快就在地球教室上變得司空見慣。久而久之，更多的恐懼老先生和老太太的操控、恫嚇、評斷、貪婪、無價值感、憎恨、罪疚、懲罰，被注入到金錢的思想念相中。

追求「真理」的玄祕學家、薩滿、療癒師、求道者會發現，有錢導致朋友之間的爭鬥與不信任，因此他們不想要與金錢有太大的瓜葛，於是選擇只攜帶和保留少量必須用到的金錢。時代變了，就連最有智慧、最靈性清醒的人也需要金錢才能在日常生活中運轉。人們期待靈性服務是免費或花費極少的。假使服務世界的人們以及「靈魂」感覺得到召喚要幫助地球的人們目前處於生存模式，那麼他們恐怕會老是分心，無法發現關於金錢的黑暗真相。假使療癒師與服務世界的人們知道他們可以運用「心的力量」根據需要召喚豐盛，他們就可以運用自己的能量、專注、技能來轉化金錢的思想念相。這麼做勢必迅速地改變「人類一體」所見證到的全球恐懼和操控故事。最初發明貨幣的人們已經沉迷於貨幣賦予他們的權力，因此寧可把「愛可以轉化嵌在金錢中的恐懼」這個簡單的真理當作祕密，不與他人分享。

當愛發揮作用，對於願意將金錢用於全體的最大利益、在未稀釋的愛的最高振動上運用金錢的人們來說，金錢變得更容易取得。再說一遍，要請求「本源」為你帶來你需要和渴望的東西，而不是請求得到金錢。你需要的金錢一定會出現；不過，要將金錢的振動提升到符合你自己的頻率。當你選擇與神性法則合作賺錢謀生時，你就幫忙改變金錢的實相，符合全體的最大利益。

你可能會詢問我們「十二大天使」一個問題：「如果已經將金錢的黑盒子傳送給中央太陽轉化，為什麼我們還持續擁有金錢的黑盒子呢？」我們要與你分享的是，每當你對金錢感到絕望或挫敗時，尤其是當你感覺沒有希望賺進高於當前收入的金錢時，黑盒子便立即回到你身邊。每次你將它傳送給「中央太陽」，你確實增強了免疫力，更能抵禦瀰漫在金錢中的恐懼。恐懼容易倍增，而愛可以轉化。每次選擇愛，你便懂得駕馭黑盒子內有多少恐懼可以操縱你。

除了位於第八脈輪中的黑盒子外，其他奠基於恐懼的信念也需要被釋放，才能正向地改變你與金錢的關係。把這些奠基於恐懼的信念想成附屬於黑盒子的木偶提繩，恐懼的老先生和老太太利用它們來操控你，使你分心，無法發揮創意，無法感到平靜和安全。這些木偶提繩具有負面的潛力，使你為了活下去而害怕恐懼。它們操控你，使你害怕冒險，不敢告別你知道降低你的振動的工作和關係。

簡單起見，我們會描述四根恐懼的「木偶提繩」，這些提繩使你有可能好好入睡，將力量交給恐懼的老太太和老先生。打個比方，其中兩根提繩操控你的頭部和頸部，另外兩根操縱你的雙臂和雙腿。你的頭部和頸部象徵你是跟神一樣的存有，有勇氣尊重自己的正直誠信。它們代表你願意選擇幸福快樂與自由自在，而不是自我妥協，以及你接納你對「神」有何價值。你的雙臂象徵你願意釋放並交託給「神聖一體性」的東西。它們代表你願意從「本源」接收到的東西。你的雙腿象徵你願意基於你的最大利益和最高喜樂而改變方向，走一條新的道路。覺察到你的自我價值何時陡降或覺察到你何時懷疑自己的決定，幫助你體認到木偶提繩何時被拉動。雖然我們不建議你打開黑盒子，因為它可能會消耗你的全部心力，但我們確實鼓勵你要充分了解四根木偶提繩，而且要始終攜帶著你的藍寶石火焰剪刀。如果沒有這些可以拉垮你的依附提繩，黑盒子的內容就無法影響你。

第一根提繩：是恐懼的老太太有能力讓你認為自己很窮、很無助，無法改變你的財務狀況。

第二根提繩：與第一根交織在一起，它可能會使你相信，你與你的親戚和祖先們一樣陷入同樣的財務故事。第二根提繩告訴你，你是你的成長、環境、教育（或因此匱乏）的受害者。恐懼的老太太利用這兩根提繩，誘惑你進入她的無價值感和自我懷疑、身體疾病、成癮，或抑鬱構成的黏稠蜘蛛網。恐懼的老太太是專家，擅長拖慢你、使你的心智和能量遠離創意追求，而且逐步降低你的自尊心，直至你放棄操控恐懼的老先生為止。

第三根提繩：是恐懼的老先生堅信，談到改變你的財務狀況，除非你為浸滿了老先生氣息的父權體制工作，否則你沒有任何力量。這可能看起來就像攀登公司或軍隊的階梯，或堅持從事可預測、多半可靠、舒服自在的工作，即使它使你悽慘痛苦。當恐懼老先生的提繩被猛地拉動時，必會促使你跑回到安全、熟悉、無風險的生活方式，即使這麼做會殺死你。你將會埋頭苦幹，無論工作令你多麼不開心或多麼受局限，你都會太過害怕，不敢離開。

第四根提繩：是害怕你會被遺棄、無家可歸、失去親人、因為無法掌控你的金錢來源而遭到公然羞辱。操控金錢就跟操控你的能量一樣。你可以持續覺察你的能量振動，也可以持續覺察你何時需要從「大宇宙」接收，但是操控金錢只會使你沉迷，而且不久之後，金錢很可能會操控你和你的人生。用金錢代替「神聖一體性」，結果其糟無比，因為「神聖一體性」可以使你置身在財富中，無論你的銀行帳戶如何。操控你的金錢不自覺地使你陷入匱乏，因為金錢充斥著恐懼。

你怎麼知道恐懼是否要了你，使你害怕有錢、沒錢或將來擁有太多錢呢？答案很簡單：因為你會擔憂金錢或過度地設法操控金錢，而不是聚焦在正在生長以及準備要收穫的東西。

冥想練習 28

釋放依附於金錢的木偶提繩

睜開眼睛，注意力集中在四根想像的提繩上，它們從你頭頂上方大約三十公分處的黑盒子垂掛下來。

將你的神聖內在小孩舉到你的肩上。你的神聖內在小孩戴著一只藍寶石火焰手套和一只紫羅蘭色火焰手套。手套象徵「神」的未稀釋的愛。感謝你個人的超級英雄（神聖內在小孩）抓住四根提繩，將連同黑盒子在內的一切扔給「中央太陽」。「天使們」在旁照看，確保木偶提繩與黑盒子被摧毀，為你轉化成新的自我價值。

用喜愛與感恩澆淋你的神聖內在小孩。談到轉化金錢思想念相中的恐懼時，只有神聖內在小孩才有「心的力量」，可以完成需要完成的工作。

恐懼的老先生和老太太用來竊取你的自尊心，且使你成為囚犯的另一個方法是債務。帶有情緒依附的一切財務負債都象徵「懷疑」。財務負債是懷疑自我、懷疑「靈魂」、懷疑「造物主」、懷疑自我價值的鏡子。財務負債需要在轉化與寬恕的紫羅蘭色火焰海洋中消融，才會消失不見。這怎麼有可能呢？透過完全信賴未稀釋的愛的「力量」，以及召喚「如其在上，如其在下」的神性法則。你永遠不欠「本源」任何東西，因為你本是無限豐盛。當你接收到「本源」時，「神」擴展，「大宇宙」盈滿更多的愛。這是「如其在上」，我們將會教導你如何將這點帶到你的財務負債，使「如其在下」，從「天堂」的視角看，這些負債其實是幻相。

第16章

以理解與愛消融財務負債

我們想要教導你，你的每筆負債都是在幫助你了解自己。理解每筆負債的潛意識和象徵訊息，將會使你更容易寬恕目前顯化成為財務負債的自我懷疑。你自己內在的寬恕將會轉變成還清債務以及從日常生活中抹去負債。消除債務可能需要時間；然而，由於耐心和學習，你會發現，不僅無債一身輕，而且還會發現，你對那些債務心存感恩。感恩你的體驗將會使你恢復純真，而且使你信任真實、可靠、富有的自我。

財務負債不是你的錯；然而，一旦你領會到，負債可以提供宛如奇蹟的洞見，以愛消融負債就可能會是你的喜悅。你可能也會發現，繳稅、家庭帳單、抵押貸款變成快樂的事件，而不是懼怕和拖延到最後一分鐘的事。在地球教室上，每一件事物都具有象徵意義，而且當小我臣服於知道「你創造你的實相」的時候，人生就只會變得更好。是的，我們是在說，就是你（小我、潛意識、「靈魂」）創造了那些財務負債，為的是將隱藏在內的懷疑和恐懼鏡映給你。你不要因為自己的財務負債而譴責自己或任何其他人，因為羞愧、責怪、罪疚只會使那些債務更難以轉化。從未體驗過財務負債的人們，將會需要以不同的方式以及以可能更加困難的方式學習「懷疑」的功課。

債務是你相信（請注意在英文中，「相信」believing 一字內含「謊言」lie 這個字）你不如別人的外在顯化，因為別人擁有的金錢比你多。你是否曾經感覺到不如別人，因為你把自己與另外一個人比較，或對方拿自己與你比較？比較是恐懼的老先生和老太太的把戲。他們巧妙地讓你拿自己與他人比較，並推論出你不如對方。

看看你可能感覺到哪些方面不如別人。當你閱讀以下每一條內容時，請記下你覺得「造物主」在哪些地方虧待了你。

- 金錢與取得金錢的途徑，包括遺產、財務支持、金錢贈禮。
- 美貌與身體素質，包括身高、體重、力氣、眼睛顏色、膚色、年齡。
- 智力，包括創新、數學、音樂、直覺、聰明、創造、高超技能、知識淵博（或受過良好教育）的能力。
- 與有影響力的人們的連結，包括在世界上有地位和權力的家人、接觸成功人士的資源與專業知識，以及有幸在對的時間、對的地點、與對的人在一起。

- 魅力、人氣、社交風範、社交的勇氣，包括擁有令人欽佩的溝通技巧與協商自信。
- 財運，包括找到金錢、贏得金錢、賺錢、透過投資使金錢倍增。
- 得到「母父神」、「神聖一體性」支持的可愛度與價值感，包括感覺被你的父母、家人、朋友、社區、社會所疼愛、需要、接納。

請好好閱讀幾遍我們的清單，看看你的身體是否緊揪著或發現自己屏住氣息。這是你的身體在確認，你的潛意識體認到的是事實。

請求你在閱讀以下療癒體驗時，好好關注你的身體以及你的呼吸。你的整個存在一直想要放下謊言和恐懼。「未稀釋的愛」和「信任」的作用就像馬桶疏通器，消除人類對自己的錯誤概念。要放下謊言，邀請具療效的愛與解放好好流動。

冥想練習 29

戰勝懷疑

閉上眼睛，深呼吸。跨過紫色門，看見眼前一段蜿蜒向上的階梯，通向你的信念圖書館。走上階梯，發現你的神聖內在小孩坐在櫃檯上，正與守護「天使」

圖書館員交談著。

你的第一項任務是請求那位守護「天使」開啟大型紫羅蘭色火焰噴灑器，噴灑圖書館入口處。恐懼的老先生和老太太正躲藏在圖書館員服務台後方的盆栽後面。假使你不清理掉他們，他們一定會找到方法使你分心，讓你無法進入你的圖書館正廳。

當你進入圖書館正廳時，你會注意到右手邊有一道高聳的寶石藍色漩渦，左手邊則有一道水色與金色的漩渦。向大天使麥可（寶石藍色）與大天使加百列（水色與金色）打招呼，說道：「感謝祢們幫我清理掉我對自己的懷疑、謊言、不安全感。」

在圖書館正廳內，我們放置了一只紫羅蘭色火焰大垃圾箱，箱內排列著寶石藍色的煤炭。到處都有「天使」們在高高的梯子上，將書籍（內含謊言）扔進大垃圾箱。感謝祂們幫助你。

你的神聖內在小孩以及大天使麥可與加百列帶你走下通向地窖的階梯，進入你的童年和諸前世等被遺忘的檔案。說道：「關於我自己以及我與本源的連結，無論在哪些地方有局限人心的信念和懷疑，我都釋放你們。我寬恕你們，讓你們返回到神聖一體性的中央太陽。」

你雙腳底下的地板轉變成紫羅蘭色，然後是祖母綠色，然後是紅寶石色。有大量書籍外流，它們似乎是從地下以及地窖牆壁的書架冒出來。在你的身體內感覺到這點，然後說道：「懷疑出去，愛進來。懷疑出去，信任進來。懷疑出去，信心進來。懷疑出去，對『自性』的愛進來。」

兩位大天使帶你回到圖書館正廳，而你注意到許多書籍消失了。說道：「現在就啟動我的自我價值，以及作為母父神／造物主／神聖一體性的神聖小孩的價值。」看著散發著金光且帶著關於你的新真理的書籍開始填滿一度空盪盪的書架。一座由未稀釋的愛構成的彩虹間歇泉，現在矗立在紫羅蘭色火焰垃圾箱原來的位置，這股能量使你的圖書館洋溢著「真理」。

你的神聖內在小孩打開你右手邊的一扇隱形門，於是你可以透過圖書館牆壁的開口看見你的創意花園。你的神聖內在小孩指向擋住門口且在你腳邊的一只大箱子。當你打開箱子時，發現一本巨型書，書名是《你的創意努力，永遠不足以還清債務或衍生出你的財務和個人自由》。

請求「中央太陽」的大天使麥可，用祂寶石藍色火焰的「真理、正義、勝利之劍」刺穿這本巨型書，看著那本書變成白色粉塵。

大天使加百列拿出祂的小喇叭，很快地，白色粉塵化成一隻鳥，直接飛向「中央太陽」。

與「天使」們一起步入你的創意花園。感謝你的花園有不斷成長的方案、接收豐盛的新方法、分享現在與未來收穫成果的機會。

在「十二大天使」美妙的合唱中歡樂欣喜，祂們唱著你被愛、被需要、被珍惜、被支持、天天得到充分的供應。「神」的孩子，絕對不要懷疑你的真實本性。

信任加上感恩，是消融財務負債的高頻靈丹妙藥。我們將在下方解釋幾種最常見的債務，幫助你的小我看見，人生中有債務是提供你學習的機會，而不是讓你感覺被懲罰。

共同財務負債的象徵意義

稅收

稅收象徵責任，尤其是對父母和家庭的責任。當欠稅或沒有足夠的資金支付應繳稅款時，要縱身跳入紫羅蘭色火焰河流。要釋放必須提前成長以及感覺需要的東西不足的內在自我。假使這點不與你起共鳴，那就嘗試釋放感覺被「大宇宙」遺棄，以及感覺好像無所適從、無助孩子的內在自我。待在紫羅蘭色火焰河流之中，直到河流的顏色轉變成紅寶石色為止。要沉浸在「大宇宙」的「神聖母親」紅寶石色的愛之中，而且說道：「感謝祢，神聖母親，顯化了我需要用來繳清稅款的所有資金。我允許且心存感謝！」

抵押貸款與房屋貸款

抵押貸款象徵父母的保障，尤其是母親的保障。當你從銀行或私人貸方取得抵押貸款時，你象徵性地接收到來自代理父母的情緒和實質支持。要明白，在你的人生中，沒有什麼是永久不變的，即使是你買下的住家也一樣，因為最終你會返回到「天堂」。在人世間的時候，你的物質家園象徵你的身體，而你的親生父母給了讓你開始的細胞。你的母親提供了你的第一個家——她的子宮。當你需要抵押貸款時，你的「靈魂」正在透過你的人生體驗賜予你這則訊息：你需要始終如一地盈滿「大宇宙」的「神聖母親」和「神聖父親」的愛、正向關注、情感，以及承認你有價值、安全、有保障、自由自在。為了繳清你的抵押貸款或住屋貸款，要承認你的真實父母，也就是「靈魂」的神聖女性與神聖男性面向。說道：「感謝你們，我的神聖女性與神聖男性，在各個方面供應我。」這可能聽起來太過簡單；然而，當小我接受「靈魂」對你的存在負有全部責任時，你將不再需要銀行擁有你的物質住所的體驗。要有耐心，因為你的頭腦可能需要時間才能釋放這類信念：除了受「老先生」銀行或貸方的束縛，你沒有其他方法可以擁有住家。

汽車貸款或租賃

汽車象徵你當前的人生如何進展。假使你目前需要為你的汽車籌措資金，那麼你的「靈魂」正在設法讓你知道，你仍然對自己的以下信念抱持懷疑：你理應自由自在地活出你想要活出的人生、做著你想要完成的事、前往你想去的地方。當你開車時，請讓你的車盈滿綠松色，那是自由以及夢想成真的能量。租車對你來說可能是比較合乎邏輯的選擇；不過，觀想你的車在綠松色歌唱之光當中，會使你在前進的各個方面受益。

信用卡債

信用卡象徵給予自己小我需要和應得的信用與認證。這份信用往往包含關注與承認成為極其美好的自己，因此你用信用卡來購買你可能目前沒有現金購買但仍然覺得自己配得的物品。

當你無法繳清全部餘額時，你或許是覺得自己不配接收，因為你不覺得自己有價值。信用卡循環債務傳達出這則訊息：無論外在環境如何有憑據地合理化那筆債務，你的小我都覺得不配得和不夠好。若要開闢新的收入來源，使你的「靈魂」可以透過你的財務實相還清債務，就要每天盈滿無條件地接納自己、感恩自己、認可自己。此外，極力建議你重複冥想練習28的「釋放依附於金錢的木偶提繩」練習。你可以肯定的是，恐懼的老先生和老太太喜歡讓你溺斃在信用卡債之中。他們希望你的小我懷疑你的「靈魂」有能力拯救你。

信用卡也可以代替魔法父母，魔法父母總是說：「是的，你可以擁有你想要的東西。」當你發現自己買下並不真正想要或需要的東西時，請慈悲對待內在受傷的小孩或自我。你此刻迫切需要愛你的父親或母親。這位父母是你的「靈魂」。當你允許「神聖一體性」和「靈魂」使你盈滿你一直欠缺的愛，較為大筆的收入就會流入。你也會更善於分辨你想要為自己購買什麼。我們並不是說你會少花錢，而是你不需要因為給予自己想要的東西而感到罪疚和羞愧。這將會鏡映在全額繳清你的信用卡，而且不再有循環餘額。

你的信用與認證

閉上眼睛，跨過紫色門。當你的雙腳接觸到祖母綠色的土地，要允許「心」的能量從下方盈滿你，同時「中央太陽」從上方盈滿你。走到紅寶石色水池，你的神聖內在小孩、神聖女性、神聖男性在此等候你。

當你步入「神聖母親」癒癒之愛的紅寶石色水池，允許自己感覺好像一具脫了水、疲憊不堪、「只有骨頭的皮囊」。你的神聖女性提供你一杯紅寶石色的茶，味道非常清爽。說道：「我歡迎我的皮囊浸滿對自己的接納、對自己無條件的愛、無條件地認可自己、認證自己的聰明才智與能力、感恩我的創意花園的果實。」

水池轉變成紫羅蘭色。釋放任何罪疚、羞愧、責怪、受害者意識、不公平、憎恨、憤怒。呼出這一切，然後說道：「我寬恕自己。我寬恕我的人生。我寬恕人生中一直對我不公平的每一個人。我釋放渴求魔法父母來拯救我，而且我臣服於靈魂的照料與滿溢的慷慨。」

一道彩虹色瀑布出現，以未稀釋的愛與繁榮浸透你的每一個細胞，尤其是你的受傷小我。要詢問你的神聖內在小孩：「我可以做什麼來增加從本源接收到的東西呢？」好好聆聽，放輕鬆，讓「信任」浸透滲入。

短期個人貸款

個人向朋友、家人、同事或金融公司貸款是一則訊息，顯示：你正因為過去的某次危機而耗損能量。因為過去的某次經驗可能已經變成重複的模式，所以這點在現在反應出來。此刻發生的事情是，滾輪上的倉鼠自我感覺好像無論多麼一事無成，牠都需要生存下去。短期貸款就像吃高糖點心或喝一杯咖啡因飲料，使你儘管精疲力竭，也可以繼續前進。貸款的金額無關緊要，不過它可能表示你的疲憊程度。需要借一小筆現金來度過難關，可能表示你可以利用幾天時間讓心智在大自然中好好休息，而借一大筆錢可能表示，你因責任繁重而身心俱疲。好好注視你今天允許自己接收到的財富可能很有幫助。要感謝「神聖母親」讓你接收到的東西多過你的需求。要感謝你的「靈魂」和「天使們」為你創造休息一下的空間，尤其如果你看不明白這怎麼有可能。說道：「我願意體驗創造休息和反思時間的奇蹟。」當你休息時，請重複冥想練習30的「你的信用與認證」療癒體驗。如果你太過疲累，無法集中心神，那就請求你的神聖內在小孩、神聖女性、神聖男性為你完成即可。

對於運用未稀釋的愛的「力量」來消融債務和自我懷疑，我們的最後建議是反問自己這個問題：「財務困境似乎出現在我的家族中嗎？」你是否注意到你的兄弟姊妹、父母親、阿姨姑姑、叔伯舅舅、堂表兄弟姊妹或祖父母正在努力賺取他們需要的金錢？有家人在財務上勉強維持生計嗎？他們是否承受著長期的財務壓力呢？你願意幫助自己和家人消融掉有所不足的老舊故事嗎？在有成癮史的家族中，即使金錢不是課題，也可能有潛在的焦慮感，因為感覺自己無價值且不配得。這些恐懼可能會被傳遞給下一代，表現成將懷疑轉變成債務。我們為你提供簡單卻強而有力的解決方案，終結家族負債。

冥想練習 31

轉化家族的負債模式

閉上眼睛。緩慢地深呼吸。說道：「我寬恕我們大家的懷疑和債務。」

跨過紫色門，步入轉化與寬恕的紫羅蘭色火焰海洋。

你的神聖內在小孩陪伴著你，他有一只袋子，裡面裝著你的姓氏中的字母。幫助你的神聖內在小孩將那袋字母倒進紫羅蘭色火焰海洋中，說道：「我寬恕我們大家的債務。我寬恕蘊藏在我們姓氏字母中的任何羞愧、責怪、貧窮或匱乏之意識。我為我們大家選擇愛，而且我為我們大家選擇盈滿來自本源的未稀釋的愛和信任。」

如果你覺得財務負債或自我懷疑的故事是你個人的故事，其他家人並沒有這個情況，那就請求你的神聖內在小孩給你一只有你的名字和中間名（如果你有中間名的話）字母的袋子，然後將這些字母放進紫羅蘭色火焰海洋中。舉例來說，如果你的名字叫Jill，那麼J、I、L、L字母就在那只袋子裡。說道：「我釋放懷疑的老舊故事。我什麼也不缺，因為『我本是神的孩子』。我寬恕這一切，即使感覺不可原諒。我對神聖一體性很重要。我意義重大，而且我創造和必須分享的東西非常有價值。我邀請我的天使們幫助我了解自己的價值，教導我如何活得無債一身輕，活得毫不懷疑。我允許這點啊。」

變形成一隻海豚，游出去，游入海洋深處，直至你來到一道白色火焰漩渦為止。從這個超級充滿愛的地方，說道：「我釋放存活在我的分子與原子內的任何長期財務擔憂。我釋放懷疑我有能力在我的創意花園內種植奇妙東西的任何疑慮。我允許自己浸滿神聖母親紅寶石色的愛，我也歡迎她透過我接收奇蹟、機會、財富。我允許且我感謝啊！」變回你自己，在具療效的紫羅蘭和白色火焰能量中放鬆。

整片海洋轉變成綠松色和金色。「靈魂」運用「你本是的一切」重建你的人類皮囊，於是你站起來，雙手伸向「中央太陽」。說道：「我召回我的自尊心。我召回我個人的力量。我召喚我與生俱來的獨立自主和成功順遂進入我的人性，現在就啟動啊！」

另一項工具幫助你停止擔憂金錢、將振動保持在高檔、牢牢守住你的能量，它請求你的守護「天使」們使你覺知到你的金錢思維。當你的思維並不聚焦在感謝「大宇宙」讓繁榮流向你的時候，就將所有與金錢相關的東西放進紫羅蘭色火焰海洋中。這可能是你的錢包、銀行對帳單、報稅單、金融投資組合、信用評分。將所有與金錢相關的思維運送到紫羅蘭色火焰海洋，轉化其內蘊藏的恐懼。假使你依舊無法讓金錢思維擺脫焦慮，轉換成為信任，那就重複冥想練習28的療癒練習「釋放依附於金錢的木偶提繩」。一旦完成清理，要感謝你接收到的金錢倍增，也感謝替你送錢來的人。請記住，金錢是早已浸滿恐懼的思想念相。為了讓金錢來到你身邊，要運用對「本源」的感恩和信任，協助提升金錢思想念相的振動。若要幫助「中央太陽」提供財務救援，我們需要將金錢的思想念相連結到創意。創意強迫恐懼脫離金錢，使金錢擺脫恐懼老先生和老太太的操控，將金錢交給你。讓我們教導你這點如何運作。

你準備好允許你的創意花園改變你的財務實相，進而從「大宇宙」接收到更多嗎？我們需要幫助你清理某些可能聽起來合理、奠基於恐懼的誘人信念。這些信念告訴你，有創意並不足以改變你當前或未來的財務實相。任何奠基於恐懼的信念都是幻相構成的，而當你運用「心的力量」吸引成功時，那類信念就沒有力量。成功與創意表達相輔相成。時候到了，該要轉化最令人信服的恐懼老先生和老太太信念，那些限制你接收到創意成品帶來的繁榮昌盛。

第17章 創意與永續流動

強迫自己做不想做的事只會使你感到悲傷和憤怒。挫敗感為你的花園製造乾旱。除了創意枯竭外，當你的小我心智將你的收穫的價值，連結到它期待他人願意支付的價格時，麻煩便隨之而來。我們需要質疑小我的算計，同時告訴你，收穫一公斤馬鈴薯不等於馬鈴薯的現行市場價格。你的創意表達和貢獻極其寶貴。它們是無價的。你提供給另一個人的每一件原創作品以及以「心」為中心的服務，在「造物主」眼中都是無價的。要尊重生長在你的創意花園內的植物。

我們需要小我超脫，不執著於你曾被告知將會賺取到「母父神」希望你擁有且必會傳送給你的財富。當你給自己的價值貼上價格標籤時，你就局限了自己可以敞開來接收「大宇宙」的流動。我們理解你需要替收穫的水果定價，才能把水果賣出去。這在振動上不同於將你的創意努力的真正價值與任何數量的金錢關聯起來。要請求你的「天堂幫手」們為成果提供最優的金錢價格。祂們一定會透過你的直覺重複那個數字，直至那個數字在你的頭腦中清晰可見為止。此外，提供來自你的花園的成果樣品是一回事，但是將你的整批收穫分送出去卻是另外一回事，因為後者只會吸引期待免費成果的人們。這對那些人沒有幫助，也無助於你接收到「本源」。

被恐懼的老先生和老太太的詭計混淆時，小我可能會相信，最好的收入只可能來自於看似擁有最大掙錢潛力的工作。當財務上的成功看起來跟小我的期待不一樣時，你可能會懷疑自己的價值。這正是恐懼的老先生和老太太希望你會做的事。不過，如果你聚焦在開心而雀躍地開發你的創意想法，那麼通向「本源」的管道就會保持敞開，於是資源流向你。

讓我們轉化一下局限收入的信念，包括你允許自己從預期和意外收入來源當中獲得的收入。移除掉阻塞這些管道的障礙，將會幫助你體驗到新的財務實相。要信任你的「靈魂」正在供養你，透過你自己的創意努力，以及以令人驚喜的奇蹟方式。創意使你與「大宇宙」的「神聖母親」之間的管道保持暢通。「神聖母親」為你接收豐盛能量。然後愛的能量顯化成為你在日常生活中需要的東西。這是最睿智的方法，可以接收到你能夠信任屬於你的永續財務資源。關於這點，我們再怎麼重複也不夠：保持你的創意表達清晰明確意謂著，你做著使你和你的神聖內在小孩感覺快樂的事。將你的小我心智的振動，提升到你的神聖男性的振動使你有勇氣，幫助你分享喜悅滿滿的收穫。清除阻擋創意的障礙使你保持管道暢通，可以獲得可靠、永續、值得信賴的資金流。

請查看下方的創意和金錢管道阻礙因素清單。閱讀每個項目時，要檢查一下你是否屏住氣息或感覺到體內的焦慮。雖然某些阻礙因素可能聽起來完全合乎邏輯，但它們並不會幫助你的創意流動。豐盛而喜悅的創意必須接通「本源」的順流。一旦你確認需要被釋放並傳送給「中央太陽」的阻礙，我們就可以協助讓事物流暢進行。

阻礙財務與創意流動管道的因素

- 我透過辛勤工作和不斷努力獲得金錢。
- 我的經驗是，沒有人可以真正幫助我，因此最好「笑一笑，忍一忍」。
- 我承受的壓力太大，無法考慮發揮創意或細想人生可能會有所不同。
- 我要麼一直為金錢而工作，要麼未來也會為金錢而工作。我是工作並提供金錢的那個人。

- 創意只會妨礙賺取可靠的金錢。
- 你必須從事有報酬的工作。忘記熱愛你所做的事。
- 只要報酬豐厚，就接受你可以得到的任何工作。
- 冒險通常導致失敗，最好打安全牌。
- 假使我不賺那筆錢，它就不是我的錢。
- 我唯一可以依靠的人是我自己。
- 我並不看重或尊重我的創意努力的結果。
- 要小心提防表示想要幫助你的人們，他們期待因為協助他人而得到什麼呢？
- 假使你想在地球上生存，就要堅持從事經過考驗且證明可行的工作。
- 賺取雇主的薪水遠比為自己工作好上許多。
- 我認定自己是女性，因此必須被男性（或恐懼老先生型的工作）供養。
- 我認定自己是男性，人們期待我養家糊口（即使我討厭我的工作）。
- 我認定自己是女性，人們期待我照顧和撫養每一個人。
- 我沒有創意。

- 對我來說，金錢得來不易。
- 賺進和擁有許多錢比幸福快樂（以及做著使我感覺自己好像沒在工作的工作）更重要。
- 我沒有啟動資金可以開展創意方案。
- 我需要先有錢才能開啟創意方案。
- 在我看來，若要擁有活出自己想要的生活方式所需要的金錢，唯一方法就是中彩券或讓我的金融投資飛速增長。
- 想要我所提供的東西的人們不夠多。
- 「天使」無法在金錢上幫助我，因為祂們住的地方不需要錢。
- 我沒有時間或精力發揮創意。
- 我不可能透過分享我的創意花園的收穫在財務上養活自己，我沒有做到這點所需要的能力。
- 我不信任「大宇宙」的「神聖母親」可以接收金錢進入我的塵世實相。
- 我不信任「大宇宙」的「神聖父親」可以提供明確的指示，指揮我如何以使我快樂的工作方式賺錢。

- 我不信任「靈魂」可以透過我的創意表達供養我的財務需求。
- 我不信任我的神聖內在小孩可以運用「心的力量」為我吸引到我在財務上養活自己所需要的幫助。
- 我不信任我可以為更大的利益服務同時專注於謀生賺錢。
- 我不信任我可以在金錢驅動的世界裡駕馭自己的情緒敏銳度與功能。

假使你發現自己腦中流竄著其他令人信服且局限人心的信念，請隨意新增到我們的清單中。

冥想練習32

清理管道

請求你的神聖內在小孩讓你看見，阻塞管道的是小石頭還是一座山。如果你不善於觀想，那就信任你的感覺。假使你不確定，那就當作一座山來處理。

請求你的守護「天使」、「天堂幫手」們、神聖男性和神聖女性將這座山（或石頭）推入紫羅蘭色火焰海洋中。看見這座山消失在紫羅蘭色火焰水底下，說道：「我永遠釋放這個阻礙。出去吧，恐懼老先生和老太太局限人心的信念！我寬恕自己居然相信這則謊言！」

回去查看清單，然後將下一個障礙放入紫羅蘭色火焰海洋中。重複說道：「我永遠釋放這個障礙。出去吧，恐懼老先生和老太太局限人心的信念！」更容易的方法是，將整份清單放入紫羅蘭色火焰海洋中，說道：「我從我的皮囊中釋放掉任何及所有阻擋創意和財務的障礙，而且我寬恕這一切。」

一旦石頭和山脈消融了，紫羅蘭色海洋就會轉變成祖母綠色、鮮綠色、金色。與你的神聖內在小孩和「天堂幫手」團隊一起步入綠色的海洋。說道：「感謝祢們使我的小我浸滿對我的神性的信任與尊重。感謝祢們將信任傾注到我儲存信任匱乏的深層潛意識。我願意打開我的管道。」

若要享受其中的喜悅，請返回到你的創意花園，看看你的「靈魂」為你種下了哪些改變你的財務實相的天才想法。假使你沒有發現任何值得注意的東西，請堅持下去。我們很快就會介紹「社區花園」。現在，請你好好呼吸、臣服、讓信任和尊重盈滿你。

既然你願意運用來自你的花園的收穫增加你的財務流動，這裡有一項工具可以評估你需要改變什麼，才能從財務壓力轉變成永續的財富。要記住，我們將財富定義成幸福快樂。身為「母父神」的神聖小孩，你當之無愧，可以從事這份工作，它帶來的報酬多過你的需求，而且使你感覺到滿滿的喜悅與目的感。

冥想練習 33

接收、吸引、專注、成長！

請反問自己，關於接收，你是否需要幫助。你需要更多的金錢、個案、機會或顧客嗎？你害怕自己沒有足夠的金錢因應短期或長期的未來嗎？你是否覺得自己的創意或財務流動卡住了，需要些什麼才能向前邁進呢？你可以在日常生活中好好運用更多的支援嗎？如果你的答案是肯定的，那就跳入紫羅蘭色火焰河流，説道：「恐懼的老先生，出去！神聖女性和神聖母親，進來吧！」

待在紫羅蘭色火焰河流中，直至顏色轉變成紅寶石色為止。沉浸在紅寶石色未稀釋的愛之中，直至你感覺完全浸滿安全、保障、無條件的愛為止。

反問自己，關於專注於做什麼事，你是否需要幫助呢？你需要明確的方向嗎？你想要確認你的創意花園接下來要收穫什麼嗎？你想要知道某產品或服務該如何收費嗎？你需要勇氣才能大膽一試嗎？你需要知道該做什麼才能賺錢、花錢或分享金錢嗎？如果你的答案是肯定的，請跳進紫羅蘭色火焰河流中，説道：「恐懼的老太太，出去！神聖男性和神聖父親，進來吧！」

待在紫羅蘭色火焰河流中，直至顏色轉變成綠松色和寶石藍色。把自己看成一只高大的空玻璃杯，裝滿清明的專注、勇氣、真理、力量色彩。

反問自己，生活是否已經變成只有工作、沒有娛樂。你很難信任自己或信任他人嗎？你很難向親人或陌生人求助或請求得到你想要的東西嗎？你是否因為自己很敏感而害怕受傷？你很難吸引照料花園果樹所需要的合格且可靠的支援嗎？你是否發現信任客戶會自己上門充滿挑戰呢？如果你的答案是肯定的，請跳進紫羅蘭色火焰河流中，說道：「我把我的受傷孩子們和所有受傷自我傳送到中央太陽療癒。我懷著愛與慈悲這麼做。我迎進對我的神聖內在小孩的信任以及中央太陽的光榮解放。」

待在紫羅蘭色火焰中，直到這條河流變成「造物主」的所有彩虹色彩。說道：「靈魂的神聖內在小孩、神聖女性、神聖男性，現在帶領我走向快樂的童年吧！」

反問自己，你是否允許你的工作得以進化。你熱愛你掙錢謀生的工作嗎？如果你不需要賺錢，你喜愛目前發生在你的創意花園內的事情嗎？你正在履行你的「靈魂」的呼喚且促使他人的人生做出正向的改變嗎？你覺得你每天都活在更多的天堂振動之中嗎？如果你對以上任何問題的回答是否定的，那就跳入我們為你製作的白色火焰漩渦。說道：「我召喚中央太陽十二大天使的幫忙，協助我臣服於『我本是』巨大浩瀚的財富。」

待在白色火焰漩渦中，直至它轉變成乳白色為止。步出漩渦，走進社區花園。

社區花園

當我們共同努力，幫助你表達從「中央太陽」大量湧入你大腦的天才時，你可能會發現你渴望與同樣以「心」為中心的其他人一起工作。這個「社區花園」（community garden）是你的創意想法與他人的能力和熱情融合、流動、協作的地方。舉例來說，假設你和你的神聖內在小孩酷愛製作甜點，於是當你步入這個社區花園時，你便吸引一位喜愛製作主餐的廚師到來。廚師認識可以為你的蛋糕提供雞蛋和奶油的完美農民。農民認識世界上最優秀的活動策劃師。你們每一個人裡面的神聖內在小孩，都樂於運用你們的「心的力量」吸引顧客來到你們的共享餐桌。當「靈魂」聚集且小我臣服時，最高振動的魔法就會發生，於是豐盛倍增。要尊重自己的創意追求，以及尊重幫助果園生長和農產品倍增的一切。假使恐懼老先生的操控或恐懼老太太的「可憐的我」進入場景，乾旱可能會襲擊花園。建議每一個人做自己最擅長的事，鄰居的花園就留給鄰居照料。進化將會發生在社區花園之中。改變將會到來。某些園丁會離開，而新園丁會加入這個社區。如果你允許你的「天堂幫手」們幫忙你管理，且與你的感受以及直覺與創意孿生姊妹保持連結，一切都會進行得出奇順利。

當恐懼的老先生和老太太階層存在時，社區花園就運轉不良。建議當有利潤可以分享時，就要公平、慷慨地分享。「大宇宙」始終在給予。只要是有善意、尊重、真實的社區，「本源」就會確保收穫大於預期。假使某社區方案化為塵土，甚至沒有為你們當中的一個人結出一顆果實，請不要放棄。查看一下什麼需要改變，慶祝你學到的一切。畢竟這是一間教室，每一位園丁都在學習珍視愛而非恐懼。當團隊努力沒有產出成果時，要有耐心，而且信任更美好的東西已經在花園裡扎根了。

邀請你讓你的人生擺脫容易感應到匱乏，然後轉進到豐盛之中。一旦你的財務實相轉化了，請進行某種程度的內在反思，詢問「靈魂」你的人生中是否還有其他事物可以得到改善。你是「中央太陽」的神聖「小孩」，配得上滿足你所有的情緒和人身需求。如果那份需求是小我需求，不是你的「心」和「靈魂」真正想要的東西，那麼覺察到這點會很有幫助。我們的意圖是，鼓勵你好好感受你的人性需要什麼才能快樂幸福，才能從「本源」好好接收，尤其是當你不相信這是有可能的時候。

第5部

還缺什麼呢？

「如其在上，如其在下」法則告訴你，你可以活在人間天堂。
那你為什麼還要接受得到的東西少於天堂的歡慶呢？

——「中央太陽」的「十二大天使」

第18章

「十二大天使」的改變實相公式

當你從你的人類視角看待人生時，地球教室可能顯得令人洩氣，但我們有好消息要分享。參與地球教室的所有靈魂，意識都在進化。即使在全球銀幕上演出的戲劇性事件如此激烈，進化仍在發生。我們請求你後退一步，想像每一個人類都是個人電影中的主角，而且他們的電影正在自己的戲院內放映。假使你聚焦於你在電影中體驗到的事且運用你的靈性工具好好編輯，那你就幫助所有其他電影轉換振動。這不是自私或沒心沒肺。你實際上是正向的實相改變者，那是當今為全體利益運作的薩滿力道。

把你的覺知帶回到自己身上，問道：「我的人生還欠缺什麼可以為我帶來更大快樂幸福的東西呢？」小我可能不知道的是，「靈魂」已經透過你的神聖內在小孩對你低聲訴說你的渴望。當你有意識地覺知到你當前的實相欠缺什麼的時候，改變你的電影的奇蹟就開始了。「天使」們鼓勵你使你的人生盈滿「天堂」的財富，因為隨著你的快樂幸福增加，你成為全體進化的加速器。以下是我們為你提供的六步驟公式，與「中央太陽」的歌唱色彩一起運作，幫助你接收「靈魂」渴望你體驗到的東西。

1. 反問自己：「我的人生電影還欠缺什麼呢？那東西既會為我帶來充實滿意，又會支持我進化成為更有智慧、更善良的人。」說道：「感謝祢們，大宇宙的神聖母親，以及我的靈魂的神聖內在小孩，讓我接收欠缺的東西進入我的人生。感謝天使們，幫助我不以自己的方式接收這份祝福。」要觀想你自己浸潤在紅寶石色的歌唱之光中，或保有這個意念。

2. 檢查一下你的潛意識，看看是否有任何傷害和恐懼驅動著你的小我認為你的電影還欠缺什麼。受到過去的影響，小我可能會對他希望快樂幸福的畫面看起來是什麼樣子強加限制，於是製造出難以置信的焦慮和不悅。要放下事情發生的時機，於是「何以」欠缺那樣東西就會出現在你面前。查看一下我們的潛意識動機因素清單，確保需要的療癒能量可以盈滿你的潛意識。說道：「我釋放過去。我寬恕過去。我不再想要活在局限我的現在和未來的過去。」請求你的守護「天使」們用紫羅蘭色火焰澆淋你。然後放手。

3. 反問自己：「我執著於以什麼畫面、人物、時機或方式體驗到我的夢想成真呢？」

當你覺知到小我執著於某個特定結果時，請將那個畫面以及它所製造的任何焦慮交給「靈魂」。要將這一切交給「母父神」。觀想你自己站在藍寶石色歌唱之光的漩渦中，或保有這個意念。

4. 感謝「造物主」，感謝欠缺的東西現在已經被「天堂」的豐盛取代了。試著感覺一下，你的「靈魂」和「大宇宙」實現了你的渴望，那是什麼感受。舉例來說，如果你想要友誼，那麼忠誠、值得信賴的真正朋友感覺起來是什麼樣子呢？請求你的「靈魂」和「天使」們使你溢滿快樂幸福與感恩自己有價值的感覺，以及某個充滿愛的社區的振動。神性法則將會立即被啟動，支援接收領受。當你盡了自己的本分，不讓恐懼老先生和老太太降低你的振動，你內在的東西就會顯化在你的日常生活中。如果你接收到的東西不是小我期待的，要表達感謝，而且知道這意謂著會有更好的東西出現。要觀想與你的神聖內在小孩一起在感恩的彩虹色彩中跳舞，或保有這個意念。讓「中央太陽」的歌唱光芒穿過你，補充內在凡是需要更多愛、信任、尊重的地方。

5. 放下設法改變另外一個人的電影，或為了匹配你自己的電影而重新裝修對方的戲院。轉化你自己的人生，藉此表達你的慈悲，然後運用未稀釋的愛的強大色彩填滿絕望之人的戲院。愛是最偉大的「力量」，不要將自己的振動降低到同情、憐憫、厭惡、生氣、義憤填膺，而是要把愛傳送到缺愛的地方。這個慷慨的行為幫助你接收，也幫助你希望支持的人們轉換意識，讓他們也能夠接收。要觀想將自己和你擔心的人放進紫羅蘭色火焰河流中，或保有這個意念。聚焦在紫羅蘭色火焰河流，直至它轉變成紅寶石色為止，那是「神聖母親」的愛。浸泡在紅寶石色的愛當中，直至你完全濕透為止，然後為你想要幫助的人做同樣的事。

6. 請求你的神聖內在小孩接通「中央太陽」的「心的力量」，使你盈滿對你的神性的「信任」與尊重。不斷請求使你的「靈魂」盈滿自信以及對「本源」的信心。要裝滿「信任」，相信你的「天堂幫手」團隊可以幫助你打開和接收你想要的東西，乃至優於小我所能理解的東西。要觀想你是一棵根深柢固的樹木，被祖母綠色和其他鮮豔綠色的漩渦滋養著，或保有這個意念。看見你的樹枝和樹葉被「中央太陽」照亮、發出光輝。讓這些色彩混合，說道：「我是信任的奇蹟，在我的存在的每一個原子中，神性結合人性。」

因為你的潛意識可以為你目前活出的電影貢獻高達九〇%的內容，所以對你人生中欠缺的東西負起責任，並請求你的「靈魂」為你提供那份欠缺便至關重要。轉化過去的恐懼並在今天體驗到正向而持久的改變也至關重要。為了從匱乏邁向豐盛，我們要求你在化身為人時做到以下幾點：無條件地愛另外一個人並接受無條件的愛；在你的心智和選擇中體驗到免於恐懼的自由；尊重你的肉身，因為它為你提供神性與智慧；選擇好好了解並活出「靈魂」的真實目的。

若要從地球教室畢業，你需要轉化大部分的恐懼，理論上，它們九〇%儲存在潛意識深淵中。恐懼的轉化是你擁有脈輪的原因，也是「中央太陽」何以擁有可以穿透你的原子的光線。你的脈輪能量提升你，使你保持在「神的心」之中。

邀請你，在每次投生轉世的每一刻，都信賴我們的支持。你希望今生在人世間的時候達到難以理解的神性恩典（平和與信任）狀態嗎？當你能夠重新定向因憶起過去事件而爆發的低階振動能量時，你就可以好好享受自由。每當你體認到自己仍舊從某個老舊、受傷的地方做出反應，就放下過去，這使你敞開來，接收豐盛和澈底的解放。跟神一樣的人類，在返回到「天堂」之前，你可以完成這件事。恩典可能只持續一會兒，但它將在你內在滋長。當你讓我們指引你更深入地與你的「靈魂」完全慈愛的「本源」連結時，你就會明白未稀釋的愛的價值。

第19章
愛與被愛的關係

為了幫助你感受一下無條件、神性的愛感覺像什麼，建議你在大自然中散步，然後擁抱一棵樹木。一旦你可以感受到樹木傳送給你以及散發到環境中的未稀釋的愛多麼浩瀚，你可能就會考慮收養或買下一隻狗或貓，或一狗一貓。寵物在來到地球教室之前經歷過特殊的「天使」訓練，具備可以幫助你成長的智慧和行為。牠們甚至可能會選擇受苦，為的是最終與牠們知道屬於牠們的家庭相聚。寵物們肩負一項使命：教導人類如何笑、如何愛，即使這意謂著牠們可能會在你的訓練過程中受虐。牠們明白，牠們會故意向你強索時間和關注，從而觸動你的按鈕，反映你的內在小孩何以在情感上需索無度。在天界受訓過的寵物會知道該打破、咀嚼、毀壞什麼，在什麼東西上撒尿，為的是教導耐心、寬恕、諒解，以及如何觸及被你埋藏的情緒。就跟樹木一樣，牠們會逮住每一次機會，使你的存在溢滿無條件、未稀釋的愛。

當一隻狗狗讓你揉搓牠的肚子，或一隻貓咪在你撫摸牠的時候用呼嚕聲優雅地對待你，你空盪盪的情緒便被填滿了，甚至滿溢出來。在你考慮請求「靈魂」為你帶來與某人（這人的小我可能還沒有進化到足以回報你的情感）充滿愛的關係之前，要先學會重視擁抱樹木、揉搓狗狗的肚肚、搔搔貓咪的下巴，這會為你帶來莫大的喜悅。

當你尋求一段真正的愛的關係時，無論是浪漫的關係或真實的友誼，要想一想你渴望這人擁有的品質，然後請求「靈魂」賜予你這些品質。「靈魂」會要求小我好好看看，為什麼你覺得你需要一段真正的愛的關係才能完善你在地球教室的人生。假使你的答案是要幫助你在情感和靈性上成長，因為你知道，這人會鏡映出你自己無法看到的面向，那你就是走在引進愛的快速通道上。尋求陪伴對人類來說是自然而然、渾然天成的。「靈魂」會要求你成為自己的最佳摯友，而且除非你活出這點，否則你可能會不斷欲求與家人、朋友、愛人的關係。寬恕過去極其重要，才能開啟你的人生，領受來自另外一個人的愛。即使你相信自己已經寬恕了過去戀人的虐待和失望，還是要不斷寬恕那一切，直至擺脫掉那些回憶引發的任何痛苦為止。

假使你的人生還欠缺長期的浪漫伴侶，可以與之分享住家和生活的人，那就務必詢問你的受傷小孩，是否他正在尋找魔法父母，以便提供你不願為自己提供的東西。

長期的伴侶關係伴隨大量的妥協，而且涉及學習無條件地疼愛和尊重自己以及為你的伴侶做著同樣的事。真正的關係需要你學會停止假設對方知道你的想法。在學習如何與自己誠信而真實地溝通方面，關係至關重要，而且關係大力支持小我的進化。

關係也鼓勵小我放下操控，臣服於「靈魂」的指示。長期的伴侶關係是一門重要的功課，它會不斷重複，直至你學會尊重自己的需求並放下希望別人可以滿足這些需求為止。當「靈魂」覺得浪漫關係會使你分心，無法照顧自己的情感和身體需求時，「靈魂」會讓你找不到合適的伴侶，直到你完全愛上自己的神聖內在小孩為止。

審視一下你過去的關係。在這些人當中，是否有哪一位令你想起你的母親、父親或你童年時期其他令人失望或缺席的照顧者？如果你對自己的友誼很失望，那就審視一下，你希望朋友可以給予你什麼，然後把這份清單送給你自己。不久，就會有朋友進入你的戲院，在你的電影中扮演重要而正向的角色，而你對他們所能付出的也不會有太多的期待。寬恕缺席或排拒型的父母親或過去傷害過你的感情的任何人，將會使你不再吸引到善於遺棄和排拒的戀人。看著所有傷害你的人們站在紫羅蘭色火焰瀑布底下，對於轉化過去，這大有幫助。寬恕過去幫助你敞開「心」扉，迎向真愛。

你要如何知道你的「靈魂」何時會為真愛關係開「綠燈」呢？「靈魂」將會使

小我盈滿沉靜、耐心、「信任」。如此心智優雅的狀態幫助你聽見「靈魂」的指示，告訴你該做什麼（如果有事要做的話），才能幫助你的摯愛找到你。對某些人來說，網際網路可以很好地發揮作用，而對其他人來說，請求「靈魂」搭好舞台，讓你遇見「心」儀的伴侶，效果非常好。「靈魂」與你牽線搭橋的「天使」團隊一起，將會確保你和你的完美伴侶找到彼此。對你的小我來說，奇妙的是，寫一封信給「神」，列出對你的「心」來說最重要的事。你希望你的伴侶與你有哪些共同的價值觀呢？列出你上一位戀人不具備而你現在了解對你來說正是令兩人戛然而止的品質，例如誠實、你需要的時候他在、正直、願意與你一起轉化和成長，這可能會使你感覺如釋重負。

擺脫過去，繼續前行，對於帶出真正的愛的關係至關重要，假使你的實相中沒有這樣的關係，那就繼續寬恕過去，儘管你可能依舊感到非常受害。

釋放負面情緒、憎恨、自己可能會再次受虐的恐懼，為你的內在騰出空間，讓真愛可以找到你。「如其在上，如其在下；如其在內，如其在外」法則，會以符合你自己的最大利益和最高喜樂以及符合你的伴侶的最大利益和最高喜樂的方式，召喚你的伴侶來到你身邊。關係幫助你學習如何承認自己的邊界且將這些訊息傳達給他人。所有關係都有價值；就連害你受傷的關係也不例外。要用慈愛善意和寬恕轉化傷害，更加了解你在關係中需要什麼，然後迎進一則幸福許多的愛的故事。而且要記住：守護「天使」們是天賦異稟的治療師。

感謝你的神聖內在小孩帶來新的關係，那鏡映出你目前在旅程上哪個位置。要允許你的友誼和關係可以進化，如果有一個有毒的家人，要知道照顧好自己很可能是你需要學習的做法。你仍然可以愛對方、慈悲看待對方，即使最好是在保持安全距離的情況下這麼做。一旦你了解到，你的快樂和幸福是無價的，讓你自己處在受虐或被罰的情境，就絕不是「靈魂」會要求你忍受的事。這可能是你童年體驗過的事，作為今生需要學習的功課的基礎，然而一旦你體認到，你正在受苦或犧牲自己，好讓別人快樂，這就不是該忍受的事情了。

真正的愛的關係對於活出富裕的人生至關重要，值得你以最高振動的意念去體驗。我們提醒你，花時間待在你的創意花園幫助你接收。如果你正在等待特殊的某人進入你的人生，請將你的渴望交給你的神聖內在小孩，讓他尋找最適合你的玩伴，然後好好去做有創意的事。「神聖母親」可以與你的神聖女性一起，接收這位戀人進入你的實相。當你沉浸在紅寶石色歌唱之光當中的時候，你最善於接收來自他人的愛。紅寶石色的愛使你浸滿情緒保障、人身安全，以及無條件的愛、認可、接納。

先為家人、朋友、同事、戀人完成我們的療癒體驗的釋放和寬恕部分，然後再繼續將你的邀請傳送給「大宇宙」。

冥想練習 34

寬恕過去

敞開你的胸腔，彷彿它是一扇雙開式彈簧門。說道：「我從過去但尚未遺忘的關係中釋放悲慟、憂傷、心痛。」看見黑暗的心、粉碎的玻璃、破碎的外殼離開你的心臟區。深吸一口氣，緩緩吐氣，然後說道：「我寬恕這一切，尤其是難忘又不可原諒的事。我寬恕我自己，也寬恕對方。」

看見並聽到黑暗的暴風雲，伴隨少許閃電和雷聲離開你的心臟區。說道：「我釋放因對方無法改變而感受到的一切失望。我釋放以為對方無法改變一定是我的錯所產生的一切劇痛。我寬恕對方沒有能力以我需要被愛的方式愛我。我寬恕自己在對方與我的關係中，或我與對方的關係中，沒有對方想要或需要才能感到安全的東西。我寬恕自己為了取悅對方好讓對方可能會回報並珍惜我的愛，因而犧牲自己的精力和時間。」

走過紫色門，進入轉化與寬恕的紫羅蘭色火焰河流。一進入紫羅蘭色火焰河流，就邀請那股能量升起並說道：「出去，跟我說我有所不足或我做錯事的恐懼老先生和老太太思緒。順便帶走你們那些萬一有問題該怎麼辦的負面想法。」

握住你的神聖內在小孩的手以及你的神聖女性的手。說道：「我釋放我內在的所有罪疚。我釋放任何被傷害的感覺，那些跟我說我一定很不可愛的感覺。我釋放我會孤獨終生的所有擔憂、恐懼、焦慮。」

一旦恐懼離開，那條河就會轉變成有金色閃光的洋紅色和祖母綠色。你的神聖男性將會加入你們三位，一起在河流中。說道：「我邀請我摯愛的伴侶（或真心的新朋友）進入我的電影。感謝祢們，牽線搭橋的天使們，幫助我不去刻意妨礙自己。我允許真愛找到我、教導我、讓我成長。」

現在你已經準備好要寫信給「神聖母親」和「神聖父親」。告訴祂們，你相信自己現在已經準備好要體驗什麼，而且將過去、現在、未來交給「大宇宙」。

你是否在你的選擇和日常責任中體驗到你需要和想要的自由，才能在大多時候感覺幸福快樂呢？我們說「大多時候」，因為你在地球教室上的所有日子中，可能都需要清理掉恐懼老先生的操控和恐懼老太太的罪疚。假使你相信，因為沒有足夠的金錢，因此沒有你想要的自由，那麼我們希望你發現我們的下一套療癒工具相當神奇。若要持久的快樂幸福，自由的心智是配方中最重要的成分。讓我們深入探討一下什麼可能會竊取你的自由，因為你的潛意識相信那是人生運作的方式。實相由內而外改變，此外可能還有某種古老而有害的信念範型卡在盤根錯節的根部當中。

第20章
選擇的自由

宗教可能立意良好；然而，當人類制定規矩，規範一個人需要如何思考和運作時，那便干擾神性法則。神性法則支持你接受選擇愛與合一而非恐懼與分離的教育。當父權制宗教與政府結構會合且自由被剝奪時，恐懼、評斷、困惑便滲入人類集體。在宗教或正義政府的幌子底下，恐懼的老先生和老太太繼續影響人類，隱藏陰性面，允許陽性面發聲和擁有權力。儘管全球電影正在改變，但女性心智的內在壓抑卻鏡映在外在實相中，人類女性和人類孩童被評價成比人類男性虛弱且渺小。

我們問道：「為什麼完全慈愛、創造每一個靈魂的造物主會偏愛某些人勝過其他人呢？或希望某些人比其他人擁有更多的自由呢？」確信的是，隨著人類集體持續進化並醒悟到最高振動的「真理」，局限人心的宗教、政府、善於支配的老先生小我等約束將會化為塵土。「一的法則」告訴你，「大宇宙」的每一顆粒子都屬於「神聖一體性」整體。當你重拾為自己思考的自由並選擇愛和尊重作為「神聖一體性」的一部分，你就幫助我們解放目前體驗到懲罰與貧困的一切眾生。

我們的一部分使命是，幫助凡是願意轉化身心方面曾在深層潛意識遭到奴役的人們。將恐懼的老先生和老太太澈底逐出宗教，讓愛、榮譽、仁愛、善意留下來，這會幫助你體驗到更大的幸福快樂，也幫助全體擺脫苦難煎熬。就跟金錢的祕密黑盒子一樣，象徵性的宗教石棺、殘酷的政府政策、恐懼老先生的小我統治，也需要歸還給「中央太陽」。密實而可怕的石棺儲存著裝滿恐懼的信念範型，這些與欺騙糾結，有力量使你相信，你被禁止直接走向「神」。有一則非常古老的謊言需要被釋放和轉化，亦即：不准女性與兒童觸及知識的豐富和「大宇宙」的豐盛。潛意識裡的老舊謊言顯現成你今天在生活中欠缺自由、尊重、機會。

那些膨脹到不再適用且驅動著你們的政治家、宗教領袖、企業、政府的信念正在影響你的選擇，從潛意識層次到表意識層次。許多人類（甚至是已開悟和有覺知的人類）並沒有體認到選擇明確和更高振動的愛，反而仍舊感到被奴役，發現自己飽受著精疲力竭之苦和超時工作的犧牲。你在日常生活的任何面向感覺到不被尊重和無能為力嗎？當你沒有覺察到自己的頭腦受著隱藏的恐懼影響時，沉重的感覺、責任、以及伴隨責任而來的挫敗感就會發生。一旦這些早已過時的信念消失，神性法則就可以激起一直是你該要體驗的自由。請慈悲看待你的鄰居，他們可能還沒有準備好要放手，因此仍舊被困在古老而熟悉的電影中，那些是曾在你自己的戲院中放映過的電影。

我們將會教導你如何將你的自由的死亡（石棺），從今以後永遠釋放到紫羅蘭色火海之中。就跟金錢黑盒子的木偶提繩一樣，石棺也有腳鐐和手銬，害你被謊言束縛，相信恐懼會保護你、使你安全。如果你體驗過自我犧牲、自我否定、無價值感、貧窮或罪疚感，請尋找另一個枷鎖——沉重的基督教十字架。這個傳統的基督教符號代表犧牲，而且深植於「人類一體」的心智中。我們喚醒你的頭腦與「心」之內的「真理」，那是連結天與地的權杖，也是最初的「十字架」，其起源比基督教信仰採用的十字架古老許多。真正的「真理」權杖象徵你的脊椎。我們打算使你的脊椎溢滿愛，讓恐懼離開你的神經系統。要接收最高振動的力量、「聲音」、「光」，進入你的脊髓之中，那將會由內而外指引你的人生。

要允許四根臂桿交會於中心的四尖十字符號返回到它的最初表示法——五個方向和五個元素：東方代表火元素和陽性面，南方代表礦物元素和內在小孩，西方代表水元素和陰性面，北方代表風元素和更高覺知，而十字架中心代表靈（spirit）元素與「神聖一體性」。提升基督教十字架的振動並不表示不尊重愛、善意、為更大利益服務等真正基督教的價值觀。它反而是幫助「人類一體」的潛意識開始掙脫宗教的信念，那貫穿大部分曾經存在或現在依舊存在的宗教。經由觀想十字符號（形狀像人體，垂直長度大於水平長度）消融在紫羅蘭色火焰之中，你幫助整個人類集體選擇愛而非恐懼。手中握著在紫羅蘭色火焰中的十字架符號，也有助於清理人類的奴役、懲罰、虐待、偷竊、毀壞。你背負的沉重十字架需要對你說什麼才能讓你寬恕它呢？恐懼深深嵌在家族傳承信奉的宗教的各個面向，你準備好要寬恕它了嗎？「愛」依舊存在。「真理」依舊存在。我們感謝你讓恐懼返回到「神」的身邊。

我們的觀察是，任何宗教和更高振動的哲學，在教導人類如何誠實、體貼、慷慨、慈悲、接納、尊重自己和他人等方面，都有其價值。當任何宗教的任何會所轉化成為真正慈愛的靈性社區，讓每一位成員在此都有選擇的自由時，大家均會受益。

冥想練習 35

轉化宗教與政府造成的恐懼

將一口寶石藍色的勇氣氣息深深地吸入你的存在之中，然後吐出無助的氣息。重複，直至你感到勇敢而堅強為止。

看見你自己走到你的背後。輕輕拉一下出現在頸背位置的把手，然後是出現在背部中段的把手。感覺到「中央太陽」的大天使麥可經由你的雙手舉起這具石棺，看見它飛過你頭頂，啪地一聲落入紫羅蘭色火焰海洋。

說道：「我釋放使我陷入罪疚和懲罰的宗教謊言。我寬恕這一切。我選擇愛和自由。」

步入「神聖母親」的紅寶石色海洋，說道：「我渴了。」留神觀看代表自我犧牲和受害的十字架（那是善於支配的恐懼老先生小我造就的）離開你的身體。我們為你將它們傳送給「中央太陽」。

在紅寶石色的海洋中，看見你自己看著你的身體正面。輕輕地拉動位於你前額上的把手以及心臟區的第二根把手。感覺到「中央太陽」的大天使維多利亞舉起第二具石棺，看見它飛過你頭頂，啪地一聲落入紫羅蘭色火焰海洋。

說道：「我釋放過去和現在制度政策中隱藏的謊言、操控、欺騙，那些使我陷入害怕改變和恐懼未來之中。我寬恕這一切。我選擇心的力量和自由。」

你還是站在「神聖母親」的紅寶石色海洋當中。再説一次：「我渴了。」留神觀看桎梏與鎖鏈（可能還有更多的十字架）脱落，消融在紅寶石色的能量之中。

紅寶石色的海洋轉變成綠松色，也就是自由的能量。看見善於支配的老先生小我被清除出去，穿過你的頭頂離開。大天使麥可抓住他，用紫色強力膠布把他包裹起來，交給大天使麥達昶。麥達昶將他置於白色火焰之中，於是他化為塵土。「天使」們將那塵土吹向「中央太陽」。依附於善於支配的老先生小我的所有恐懼老太太從你的頭頂傾瀉而出，而且被趕到「中央太陽」。

説道：「我釋放善於支配的恐懼老先生小我的教條灌輸，而且我選擇讓愛帶領我前進，在適當的時候開始體驗到更大的自尊與自由。我敞開心扉和我的存在，接收正向的改變。」

一道「中央太陽」的光芒變成金色歌唱之光的鞦韆。你的神聖內在小孩在鞦韆上等候著你。大天使麥達昶舉起你，放進鞦韆中，而且好好推你一把。

好好享受盪著鞦韆飛行以及「中央太陽」重新激起你的自尊和個人力量。一旦你的太陽神經叢被填滿，鞦韆便輕輕停下來。

我們將你和你的神聖內在小孩運送到你的創意花園。你感覺到什麼呢？正在為你生長的是什麼呢？在地球教室上，創意就是自由。創意是愛泛濫，從「大宇宙」的「神聖母親」透過你的陰性心智大量湧入。你愛做什麼事而且那事可以帶給你自由和持久的喜悅感呢？

詢問你的神聖內在小孩：「我的靈魂的真實目的是什麼呢？我在地球上為所有相關人等貢獻的最大利益和最高喜樂是什麼呢？」

第21章 活出你的「靈魂」的使命

每一個「靈魂」都盼望小我可以在地球上日常生活要求的眾多平凡任務中，發現未稀釋的愛的真正價值及應用。小我學會要接納自我，不評斷、不諷刺、不批判或不與另外一個人比較，這對任何「靈魂」來說，都是了不起的成就。而且當人格渴望以各種方式、在所有事物中，表達其「靈魂」的神性極其浩瀚遼闊時，「神聖一體性」便歡欣鼓舞地合唱。我們請求你將你的人格想成在磁軌上快速行駛的一列火車，磁軌是你的「靈魂」的力場。「靈魂」的責任是保持你在軌道上，假使你偏離了你的目的，「靈魂」會耐心地等待，堅持不懈地將小我拉回到「本源」最高振動的順流之中。「靈魂」希望你感覺跟開心的孩子一樣快樂，同時也表達你的創意天才。你的「靈魂」的使命可以很簡單，例如自己微笑，從而鼓勵他人微笑，也可以強度極高，例如，在緊急行動中拯救生命。

小我往往將自己的塵世成就與他人作比較，以此衡量自我價值，而「靈魂」則問道：「你正在體驗喜悅嗎？你的行為對他人有幫助嗎？你最近為地球母親做了善事嗎？你的工作使你盈滿愛與感恩嗎？」而我們最愛的問題是：「你現在與你的神聖內在小孩玩得開心嗎？」如果你感覺受創、壓力重重、挫敗，那麼請嘗試找個安靜的地方好好呼吸。說道：「我臣服於我的靈魂的喜悅。」而且重複這句話，直至你感覺好些為止。「靈魂」希望你待在地球上有目標，而且若要做到這點，你需要小我的振動頻率盡可能地接近「靈魂」。你的「靈魂」不斷運作（尤其是在地球教室上經歷最具挑戰性的功課期間），為的是幫助你對你是誰、你所從事的工作、你做出的抉擇感覺美好。

假使被送到地球的「靈魂」們在慈愛善意的振動上共振，那麼某些人類的小我怎麼會如此「脫軌」呢？某些「靈魂」允許他們的小我充當情緒觸發器，目的在滌淨人類集體的潛意識。當你在自己的人生中經歷某個充滿挑戰的時期，於是你質疑你的「靈魂」是否在幫助你，那就反問自己，你正在體驗的是否是一次潛意識的清除滌淨。我們將這些事件稱作「靈性啟蒙」（spiritual initiation）。一旦充滿挑戰的時間結束，你必會更清楚自己是誰，而且更能夠信任你的列車在正確的軌道上且與神性法則相映契合。

你的「天堂幫手」們鼓勵你練習，放下質疑你的列車在人生的任何階段究竟是在軌道上還是脫離了軌道。即使你的列車出軌了，或在列車站停靠的時間長過你的期望，「靈魂」也在透過你進化。你的「靈魂」會利用每一段人類體驗了解愛，而且必會堅持不懈地成為你的意識的「暗中觀察者」，確保小我可以整合「靈魂」目前嫻熟掌握的東西。而且假使小我與「靈魂」之間的這類對話在地球上的人生期間進展不順，一旦「靈魂」與那個人格返回到「天堂」，對話會在生命回顧時繼續。當你造訪地球教室的時候，活出你的「靈魂」的目的，可以幫助整個「神聖一體性」進化。

「靈魂」總是透過你活出它的使命，如果小我完全斷連且困陷在恐懼之中，那麼「靈魂」可能會創造離開地球教室的出口。沒有「靈魂」的許可，肉身的死亡無法發生，就連自殺也不例外。你可以做些什麼才能好好享受活出最充實的人生，且與你的「靈魂」充分合作從而感到兩者目標一致呢？要與從早到晚活在你之內的神聖內在小孩溝通交流。這個簡單的練習，將會幫助小我保持專注於對你的「心」來說最重要的事。這則練習將會幫助你接收「大宇宙」並為你帶來自尊心，這是小我保持情緒高漲所需要的燃料。情緒是推動你前進的真正力量，因此當你感到一成不變時，務必反問自己：「我感覺到什麼呢？」感覺你的感受幫助小我對你目前活出的人生目的感到正向和熱情。

卸下敏感的小我對完美的期待，以及每一個人就該怎麼樣的壓力，這有助於活出你的人生目的。壓力就像磁石，吸引恐懼的老先生和老太太介入、接管、摧毀。只要有機會，恐懼的老先生便逼迫所有小我仰賴累積了多少金錢和成功來衡量成功。他詢問小我，能以多快的速度完成想要完成的事，或可以為有需要的他人提供多少服務。「靈魂」想要用療癒能量的毯子包裹住小我並說道：「回到我身邊，讓我可以照顧你，以及提醒你，在你的人類經驗中，真正重要的是什麼。」你願意了解你的「靈魂」的真正使命，同時走出精疲力竭、取悅他人、追逐金錢、奉獻犧牲嗎？在你的創意花園裡有間聖殿，可以在此找到你為什麼在人世間的答案，而且答案會隨著你的成長和進化而改變。

你在地球上的理由反映在你如何謀生賺錢、提供自己的日常需求嗎？我們要說的是，當兩者合而為一，而且你的工作使你盈滿「中央太陽」的未稀釋的愛，於是你步入你內在「天堂」的宏偉莊嚴。然而，如果你發現，你支付生活費用的方式並不是「靈魂」希望你體驗的，那就信任自己並保持繼續前進。那並不意謂著你哪裡不對勁或你沒有聽見你的「靈魂」的使命。它表示，你正同時處理多項任務，有許多事物要體驗，而「靈魂」也有它需要透過你表達什麼的盤算。假使你的工作確實使你的人生充滿喜悅與目的感，但你的人性仍舊渴望更多的平衡以及免於責任的自由，該怎麼辦呢？這個問題的答案也可以在「心」的聖殿中找到。

「信任」滋養小我，幫助你平衡日常生活的強烈要求與履行「靈魂」的使命。當小我學會放下操控，「神」的神聖甘露便從你的神聖內在小孩、神聖女性、神聖男性流向你的小我。在心智如此開放的情況下，「信任」、恩典、平衡便自動地從「本源」流入你的實相。你不需要做什麼事就可以讓這事發生。當你的人格不再抗拒「靈魂」帶給你的體驗時，活出「靈魂」的使命，同時當個快樂的人，就可以是很美的事。

你準備好要進入「靈魂」的聖殿並提出小我需要詢問的問題了嗎？「靈魂」希望你活出免於匱乏的人生嗎？現在該是你做這件事的時候嗎？「靈魂」的目標是讓你的日常工作就跟你最快樂的靈性服務工作一樣嗎？「靈魂」希望你體驗心智、情緒、身體的健康嗎？你的神聖內在小孩正期待著得到你的全心關注，讓你可以聽見並信任那些答案。

冥想練習36

進入「靈魂」的聖殿

閉上眼睛，平靜地深呼吸。走到紫色門前，拉響警報器，清除掉等待著使你分心從而無法進入聖殿的恐懼老先生和老太太。

觸碰紫色門的水晶門把手，說道：「帶我回家，神聖內在小孩。」那扇門開啟，進入你見過最美麗的世界。色彩格外鮮豔。空氣是綠松藍色（turquoise blue），清新透明。你可以聽見小溪輕輕地歌唱，一切馥郁芬芳。

你的神聖內在小孩牽起你的手，於是你們一起走在一條布滿金色葉片和松針的小路上。你們一起走過白、黃、紅色無刺玫瑰構成的拱門。光非常明亮，你只能信任這位睿智的領導者指引你。

你聽見鈴聲輕輕響著，和藹的聲音低聲說著他們愛你。你的神聖內在小孩要你坐在你體驗過最舒適、最豪華的紅寶石色躺椅上。然後逐漸地，你的內在之眼適應了亮度，於是你看見、知道、感應、感覺到你的「天堂幫手」們。

你的神聖女性、神聖男性以及掌管你的肉身的大自然「天使」也都在場。

說道：「我臣服於活出我的最高振動以及最喜悅的人生。我臣服於我的靈魂的呼喚，而且感謝你們移除掉我眼前的任何阻力。」

好好享受聆聽你的「天堂幫手」們。祂們的訊息將會融入你的直覺思維中。要信任，凡是知道後對你有裨益的事，你一定會知道。

這次會面一旦完成，你會發現自己站在紫色門的另一側，想著你的這一天和眼前的任務。

幾天後，或是當你準備好要返回到「靈魂」的聖殿時，不妨詢問「天堂幫手」們：「我需要允許自己接收有益於大家的什麼東西進入我的塵世電影呢？」

確信你正活出你的「靈魂」的使命，這點能改善日常生活中的一切，甚至是你的心智、情緒、身體健康。假使欠缺健康與平衡，那麼請求你不要評斷你的人性，而是要釋放內在的恐懼，你才能持續走在正道上，帶著滿滿的「心的力量」向前行。

第22章
重視內在的火山

當健康受到嚴重損害時，就有一則複雜的恐懼、絕望、苦難、憤怒的故事卡在細胞記憶中。為了支持你的健康，我們請求你重視以下所需要的努力：感覺你的感受，以及將你的身心從深層潛意識、最低階的振動情緒、你發現自己目前正在處理的不愉快感覺中解放出來。如果你身體健康，那就要時常感謝你的身體；假使你健康欠佳，那就要感謝你的身體幫助你理解它正在傳達給小我的情緒訊息。

振動屬於愛、寬恕、慈悲、感恩的情緒，始終有益於治癒你的「肉身體」（physical body），以及幫助你的「心智體」（mental body）重新平衡絕佳運作所需要的大腦化學物質。當最低階的振動情緒（例如憎恨、暴怒、自我嫌惡、罪疚）被忽視或遭排拒時，它們便潛入你的潛意識底層，最終進入你的細胞潛意識。它們躲藏起來，在此潰爛，直至發展成為情感忽視的內部火山，成為某次健康危機浮現。低階的振動情緒可以透過家族血脈遺傳，也可以由前世引進。從我們的視角看，所有癌症、遺傳疾病、慢性疾病，要麼有最低階的振動情緒潛藏在家族血脈中，要麼有前世帶來的某則有毒故事困陷在細胞中。

我們給你的訊息是，未稀釋的愛是最大的療癒「力量」。我們並不是要告訴你，別再去看技術精湛、知識淵博的內科醫生。不管怎樣，你可以做些事，為他們的卓越知識增光添彩，幫助支持你的健康和幸福。這一切都開始於小我願意好好聆聽你的身體，尊重身體是極其有智慧的靈性使者。人體是全知、全能的，有能力活著、死去，或處在生與死之間的狀態。缺了健康，愛也會消失。假使疾病、焦慮、疼痛或問題困擾著你，那麼恐懼的老先生和老太太原型正在租用你的房產，而你需要把他們趕出去。為了幫助你理解，我們在下方提供了一部分清單，描述普遍存在的健康問題及其情緒和生命故事起源（那些可以代代傳承）。清單後續有一則療癒體驗，有益於健康且促進療癒。我們的練習並不是要取代向療癒從業人員尋求建言的需求，而是你的直覺和常識使你確認可以信任和尊重哪些療癒從業人員。為你的身體求助等於是愛護你的身體。承認你的感受也是愛護你的身體。

健康問題及其潛藏根源清單

- 骨病：妥協，違背自己的真理；奴隸身分；懲罰；飢餓。
- 癌症：罪疚；羞恥感；責怪；失落；憂傷；創意受阻；仇恨自己或另外一個人；虐待；受害者意識；操控。
- 失智症、阿茲海默症、帕金森氏症、短期失憶、中風：壓力；焦慮；恐懼；需要掌控全局；支配型的陽性小我心智。
- 抑鬱症：恐懼；壓力；焦慮；寂寞；自我排拒；需求被潛抑。
- 糖尿病與胰臟疾病：情感匱乏；情緒或生理忽視；欠缺關注，尤其是來自父母一方的關注。
- 消化或飲食失調：壓力；吸收了他人的情緒；害怕在情緒或身體上被傷害；心靈不堪負荷與愁苦；設法應付自我排拒；需要自我懲罰；害怕匱乏。
- 吸毒或酗酒或任何類型的成癮：自行用藥治療躁鬱症、焦慮、抑鬱症，或其他心理失衡；被情緒壓垮；社交焦慮；設法應付自我嫌惡；寂寞；創意花園被遺棄。
- 心臟病：難以信任自己或他人；難以接受或付出，或兩方面皆有困難；難以感受情緒且難以釋放情緒。

• 腎臟疾病：內在小孩遭遺棄或被忽視；需要吸收父親或母親情緒的小孩；壓力；吵鬧、虐待或嚇人的童年環境。
• 肝膽疾病：暴怒；受害；挫折；受虐；創傷。
• 肺部疾病：憂傷；失落；極度痛苦；悲慟；絕望。
• 生殖器官疾病：創意受阻或被潛抑；性侵害；亂倫。
• 甲狀腺疾病：喪失意志；自我犧牲；壓力；被責任壓垮。

願意釋放卡住的恐懼並寬恕老舊故事非常有幫助，因為它告訴你的身體，你已經收到了透過身體的疼痛、發炎、感官覺受訊息系統傳遞給你的訊息。完成我們的下一個療癒體驗，將會及時使你更容易聽見你的身體正在傳達的訊息。未稀釋的愛是強而有力的療癒滋補品，對你的腎上腺有好處，也幫助你的心智體、情緒體、肉身體從傷害和生活壓力中恢復過來。請從頭到尾讀完這則練習，再召請「天使之愛醫生」們。

與天使醫生們共享療程

躺在床上，舒服地小睡一會兒。閉上眼睛，深吸一口氣，然後完全吐氣。你的療程將會持續三十到四十五分鐘。

看見自己飄浮在祖母綠色、白色、金色歌唱之光的能量場中。說道：「我邀請天使之愛醫生們進入我的場域。我邀請我的神聖內在小孩、神聖女性、神聖男性、我身體的大自然天使，進入這個神聖的空間。」

向你的「天堂幫手」團隊描述你在情緒和身體上的感受。與祂們分享你的擔憂和想法。重複說道：「天堂幫手和療癒師們，感謝祢們參與這個療程。我釋放目前藏在我的心智體、情緒體、肉身體內的所有恐懼。我寬恕一切有毒的故事，即使我不知道它們是什麼故事。我寬恕這一切。我感謝祢們讓我的身體浸滿未稀釋的愛。」

靜靜地躺著休息或睡覺。療程結束時，天使之愛醫生們將會喚醒你。

在思想或行動上發揮創意對你的健康有好處。另一項有助於在能量和安康匱乏的地方引進能量和安康的建議是：走到戶外，找到一棵召喚你的樹木，然後背貼著那棵樹。將你的能量向下傳送到大地，而且緊挨著那棵樹的樹根。說道：「感謝你，善良的樹天使，幫助我扎根接地，連結到大天使蓋亞的心。我非常感恩可以接收到大自然母親。」保持扎根接地，直至那棵樹木好好釋放你為止。這麼做所花費的時間不到五分鐘，如果你願意，不妨轉身，面對那棵樹，打從「心」底給它一個溫暖的擁抱。

我們提供你與天使之愛醫生共享療程的禮物。你要求的每一個療程都有益於其他人類，「天使」們透過你的潛意識故事的振動觸及祂們。我們的禮物是要告訴你，當時候到了，「靈魂」要帶你返回「天家」並將你的身體交還給「地球母親」，你該如何好好享受平靜地過渡到「天堂」。請從頭到尾讀完這則療癒體驗，知道閱讀這個體驗並不會影響你何時死亡。由於現在完成這則練習，你幫助小我感到正向，懂得完全臣服於「靈魂」以及在死亡時跨越通向「天堂」的彩虹橋。在你離開地球教室的時間來到之前，「死亡天使」會拜訪你幾個月到幾年。祂是最美麗的「天使」，當祂在場的時候，你會感受到祂的慈愛與安全。

優雅地退出舞池

閉上眼睛，說道：「我完全臣服於我的靈魂的愛與照料。」觸碰紫色門的水晶門把手，說道：「帶我回家，神聖內在小孩。」你的神聖內在小孩帶領你去到「靈魂」的聖殿，將你的紅寶石色躺椅安置在完全向後斜躺的位置。

你開始見到「天堂」裡的親人。他們看起來年輕而友善，很開心可以探望你。你的神聖女性和神聖男性也在那裡。說道：「當我離開身體、跨過彩虹橋的時間到來時，請來接我，讓我不抗拒這次莫大的解放。『我本是』願意好好體驗喜悅與安詳的奇蹟，好好從這個世界過渡進入天堂。」

你的「天堂幫手」們會讓你好好淋上一陣紫羅蘭色火焰雨，然後像推獨木舟一樣，將你的躺椅推出一條金色通道，進入轉化與寬恕的紫羅蘭色火焰海洋。

我們運用我們的「聲音」和「光」。從你最深層的潛意識釋放任何創傷性死亡或苟延殘喘的痛苦死亡故事。說道：「我釋放所有藏在我的細胞記憶中的不愉快或痛苦死亡故事，而且將它們交給造物主。我寬恕這些老舊故事，即使我記不得它們。」一旦清除掉你皮囊內的恐懼，紫羅蘭色火焰海洋將會轉變成彩虹般的色彩，於是能量使你盈滿無條件的愛和滿溢的尊重，愛護和尊重你的人性，以及愛護和尊重你的神性（也就是你不朽的「自性」）。

我們會將你舉起，離開彩虹色海洋，輕輕地將你帶回當下，讓你可以繼續新的一天。

做這則練習也會幫助小我適應改變，讓你從早到晚、從今以後持續在意識上進化。內在祥和是無法丈量的，當你在自己的人類皮囊中感覺到比較安全時，匱乏必會離開，為財富騰出空間。

有鑑於我們已經賜予你最美好、最有效的工具，讓你將未稀釋的愛帶到缺愛的地方，我們現在請求你幫助我們。人類集體活在你的內在，雖然你可能每時每刻接收著更多的「天堂」，但是大部分的「人類一體」卻還沉睡著，不知道未稀釋的愛的「力量」。你會幫助我們觸及失落和斷連的小我嗎？他們正在溺水啊，因為不尊重自己的人性且將這份不尊重和自我排拒投射到他人身上。你會幫助我們觸及絕望和受苦的人們嗎？你會幫助我們觸及濫用權力且為你們獨一無二的藍色星球的居民製造毀滅的人們嗎？你會成為正向改變的工具嗎？我們感謝你，具備「神的聲音與光」的偉大「存有」，感謝你擔任地球教室的療癒「天使」。

第23章

和平與平衡：如其在內，如其在外

當你與你的神聖內在小孩聯手且允許你的神性流經你的每一個細胞時，你就是超級英雄，可以幫助我們恢復地球上的和平與平衡。這如何有可能呢？你不可思議的睿智「靈魂」同時透過你和人類集體中的其他人格存活著。我們將這些其他人格稱作你的「平行人生」。

你是否曾經做過這樣的夢：你是另外一個人，住在另外一個地方，而且這個夢感覺如此真實，因此當你醒來時，你很驚訝自己活在目前的人生中？所有這些夢境人生，連同你的累生累世，以及你的祖先們的體驗，都是你可以透過你的潛意識觸及的故事。你能夠領會活在你之內有多少世代嗎？包括與今生相連的平行人生，以及這些平行人生的所有前世，連同你今生感覺瞥見過的前世。你的故事（無論是現在或過去）提供了振動的途徑，將療癒傳送出去，送給需要未稀釋的愛的那些人生。「中央太陽」的「十二大天使」，連同「揚升大師」（Ascended Master）和「天堂幫手」們，需要透過「你」才能存取龐大的信念、思想、記憶感受庫，觸及受苦和斷離的小我。

請求你加入我們，將愛帶到地球教室煩擾騷亂的電影，這些電影迫切需要轉換振動，脫離恐懼。請求你運用神性法則為自己的人性帶來振動的超級轉換，而且從那裡，我們可以一起將療癒能量傳送到需要轉化的地方。讓我們向你展示這如何為你的最大利益和所有相關人等的最大利益運作。首先，請求你幫助我們讓你的教室溢滿和平與平衡。當未稀釋的愛流入你的受傷小我與「靈魂」之間內部衝突的負面鬥爭，不和諧便升起，從而被轉化。由於「如其在上，如其在下；如其在內，如其在外」的神性法則，加上我們的幫忙，你成為全球電影中強而有力的衝突轉化者。請慢慢地從頭到尾讀完這則最深層的療癒練習，而且要持續閱讀它，直至你可以感應到平安流入你的細胞，不和諧被向上推且推出去為止。在這方面，我們與你同在，將恐懼、衝突、失衡舉起，交給「中央太陽」。

為地球帶來和平與平衡

閉上眼睛，慢慢地呼吸，直至你感到歸於中心且安全無虞為止。跨過紫色門，進入一片珊瑚色景觀。一旦你進入這個珊瑚色世界，就說道：「我邀請我的存在經由我的靈魂重新得到平衡。」

你前方是兩大堆黑沙。右邊那一堆大過左邊那一堆。你環顧四周，注意到有六棵棕櫚樹生長在這片珊瑚色景觀中，而且全都在左側。右邊似乎沒有任何東西在生長。其餘景觀很貧瘠，宛如乾涸的紅橙色泥土。

雙手放在腹部上，說道：「恐懼出去，愛進來。」看見你的神聖內在小孩、神聖女性、神聖男性將紫羅蘭色火焰水倒在黑色沙堆上。他們忙著將能量傾倒在沙子中間畫出的那條線上。不斷重複說道：「恐懼出去，愛進來。」

不久，你會感覺到且看見沙子逐漸消失。說道：「和平進來，衝突出去。」雙手放鬆，放在你的肚子上，深呼吸幾下，吸氣時，將腹部推向雙手。黑沙完全消失。留神觀看棕櫚樹遍布這片珊瑚色景觀，現在右側和左側都長著棕櫚樹。

說道：「感謝祢，造物主，使我的人性充滿符合全體最大利益和最高喜樂的和平與平衡。」

那片珊瑚色景觀滿是各種顏色的植被和花朵。一位美麗的「天使」出現。說道：「大天使蓋亞，感謝祢重新平衡祢的星球。感謝祢幫助我重新平衡我的身體和我的人生。感謝祢將祢的孩子們的自我仇恨轉化成為對彼此的愛與尊重。『我本是』非常感恩。」

站在紫羅蘭色火焰瀑布底下，釋放來自你的過去、仍然感到矛盾或苦澀的任何自我。說道：「我寬恕這一切，即使我不想原諒。我邀請和平與平衡盈滿我的存在與我活在其內的人類一體。」

邀請紫羅蘭色火焰瀑布轉化成為未稀釋的愛的彩虹漩渦。站在漩渦裡，成為愛的漩渦。成長直至你變得浩瀚遼闊為止。感覺到我們的能量與你融合。從這個統一團結與「神聖一體性」的地方，我們將和平、平衡、尊重傳送到地球上「造物主」能量的每一顆粒子的原子裡。如其在上，如其在下；如其在內，如其在外，遵循著「一的法則」與「能量法則」。

我們想要詮釋一下在本練習中使用的象徵語言。珊瑚色景觀代表位於你的肚臍區周圍的第二（或「靈魂」）脈輪。藉由請求你聚焦在這個脈輪，可以透過你的「靈魂」觸及所有「靈魂」及其人類的表達。黑色沙粒代表小我與「靈魂」之間的衝突、負面與憎恨的思想、不安的感覺、受害的痛苦記憶。它們也象徵時間。假使恐懼沒有被轉化，過去便會在未來自行重複。沙子的黑色代表恐懼以及鎖在恐懼中的潛在能量。六棵（愛的數量）正在生長的棕櫚樹代表新鮮空氣、保護、滋養、成長的生命、創意。練習剛開始的時候，棕櫚樹都在左邊，那象徵陰性面。當樹木移動時，有些依舊留在左邊，有些則移動到右邊，平衡陰性面與陽性面。大自然不斷地重新平衡與療癒你。植被和花朵代表愛、美、和諧、療癒。

請求你將氣息吹進自己的腹部。你的腹部容納著「大宇宙」，鏡映成活在你體內的所有微生物，幫助你消化你的情緒和你的食物，使你可以活下去。來自棕櫚科椰子的椰子油可以殺死你腸道內的寄生蟲（象徵以恐懼為食的恐懼）。練習的這個部分在你之內創造平衡，而且自動地將平衡和健康傳送出去，送進「人類一體」的細胞中。我們讓你的小我寬恕可感知且可能仍會引發焦慮的過往錯誤，藉此完成這則練習。紫羅蘭色火焰將恐懼（罪疚、羞愧、責怪）轉化成為愛。與未稀釋的愛的彩虹漩渦融合，使你盈滿內在的和平。你的內在和平倍增，而且從我們創造的一體性流出去，流向集體，流向地球整體。

每次你完成這則療癒體驗時，要知道你的人類自我是「人類一體」身體中一個和平且平衡的細胞。等於是你的這個細胞現在正與「人類一體」中的所有其他細胞溝通交流，而且提升其他細胞的振動。這自然而然地鼓勵他們放下衝突、盈滿和平。

執行我們的療癒體驗時，要看見所有三項神性法則正透過你運作。你已經運用「中央太陽」光芒的歌唱色彩來提升你的能量的振動（「能量法則」）。隨著雙手放在肚子上，你已經召喚了「一的法則」，而且因為與我們一起完成這則練習，我們演出了「如其在上，如其在下；如其在內，如其在外」法則。

我們有更多喜悅的轉化和療癒使命要與你一起完成。「你」就跟「大天使」一樣強而有力，而且我們一起可以使地球教室擺脫匱乏，達致平衡。讓我們一起行動吧！

第6部

讓地球教室擺脫苦難

我們將我們的「心的力量」與你的「心的力量」融合，
共同療癒「人類一體」以及你在其上生活和學習的星球。

——「中央太陽」的「十二大天使」

第24章
轉化貧窮

貧窮是外在映像，反映「人類一體」與「神聖母親」的愛、安全、保障斷離。除了將人類重新連結到「本源」外，終結貧窮還需要清理掉恐懼的老太太。她使你想要緊緊抓住過去體驗過的失落，把自己看成不可改變的環境的受害者。首先，我們會協助你進行最深度的清理和療癒，然後透過你，我們會幫忙轉化地球教室上的貧窮。

讓我們進入你的信念圖書館，在此，我們運用記錄在書籍中的故事隱喻，來釋放局限人心、奠基於恐懼的信念範型。一部分這些信念屬於你的父母，在童年時期傳遞給你。一部分則是你在自己的人生中遭遇艱難和危機時所採用的信念。請求你將這些故事視為發霉和有毒，缺少聖賢的智慧，無法保你安全，在艱難時期免於小偷侵害。一旦我們協助你清理掉這些儲存在上層潛意識記憶房間內的老太太信念，就可以深入紫羅蘭色火焰海洋，轉化你的祖先們和前世自我所體驗到的古老失落故事。

放下恐懼老太太的貧窮信念

閉上眼睛，深深吸入一口愛的氣息。吐出你感覺到的任何恐懼。跨過紫色門，登上階梯，來到你的信念圖書館。務必要打開就在入口角落盆栽植物上方的紫羅蘭火焰噴灑系統。你可以確定，恐懼的老先生和老太太正在期待你的到來，而且他們肯定想要使你分心，無法達成放下貧窮和受害者意識的使命。

在圖書館正廳的中間，「十二大天使」與你的守護「天使」們、神聖內在小孩、神聖女性、神聖男性一起站著。我們已經堆好需要被轉化的所有書籍了。自己隨意整理那些書籍；不過，我們警告你，每本書都充斥著失落、飢餓、匱乏、艱辛、苦難的悲傷故事。

我們已經安裝了一條紫羅蘭色火焰傳送帶，從堆滿書籍的桌子延伸到「中央太陽」。所有卡在書籍中的低階振動能量將會被回收、轉化成為愛、然後歸還給你。

說道：「我釋放，而且我放下包裹在我的艱辛、掙扎、失落故事中的所有受害者意識。我釋放所有被困在記憶中的能量，無論是我的記憶，還是我因為聆聽他人的艱辛故事而吸收到的東西。」

留神觀看桌子上的所有書籍沿著傳送帶上移，穿過屋頂的開口出去，而且繼續向上，到達金黃璀璨的「中央太陽」的無限歌唱之光。

大天使麥可與大天使維多利亞提供你一把寶石藍色加白色火焰的「真理、正義、勝利」之劍。大桌子前端的椅子上有一本鉅著，標題是《在神的眼中，貧窮和艱辛淨化你》。從兩位「天使」手中接過「真理之劍」，將這本書澈底刺穿。它將會化為塵土，然後兩位「天使」會將塵土吹向「中央太陽」。

檢查一下你的圖書館，看看恐懼的老先生和老太太還在不在，如果發現他們，就將他們放在傳送帶上，然後直接送到「神」的能量回收器。說道：「『我本是』很豐盛，總是有本源供應我。『我本是』神聖一體性的一部分。神聖一體性只能體驗豐盛與充足。」

先休息一下，再從頭到尾讀完我們的下一則療癒體驗。如果你喜歡，不妨在就寢時做這個練習，允許「天使」們澈底擦洗你的DNA分子和細胞的潛意識。

冥想練習 41

由內而外轉化貧窮

閉上眼睛，平靜地呼吸。觸碰紫色門的水晶門把手，說道：「我願意為神聖一體性服務。我願意擺脫恐懼、貧窮、艱辛、痛楚、煎熬。我做這個療癒是基於所有相關人等的最大利益。」

打開門，與你的神聖內在小孩一起向外游，游到紫羅蘭色火焰海洋中間。你們的道路被金黃璀璨、閃閃發光的星星照亮了，而且食用這些星星很好玩，因為它們是由最高振動的巧克力製成。

你將會看見我們，十二根慈愛的光柱，等候著你。坐進由「神聖母親」的愛製成的紅寶石色躺椅。說道：「我釋放藏在我皮囊內的所有失落故事。」

我們從你的細胞潛意識和DNA記憶庫中召喚出以下故事：

- 因財務提供者死亡，或遭對方遺棄或忽視。
- 戰爭、奴役或不人道的工作環境。
- 當了未婚媽媽或沒有工作的父母，或無法養活自己、你的孩子或兩者。
- 農作損失、失去四肢、喪失心智穩定或能力、失去個人力量。
- 失去動力、靈感、在人生中前進的能量。
- 飢餓、食物短缺或營養不良。
- 由於成癮、抑鬱或健康不佳而造成損失。
- 失去家園、財產和資源或家人。
- 需要做的工作遠遠超過得到的收入。
- 資金短缺。
- 失業或伴隨顛覆而來的事業變動。
- 對「造物主」失去信心，尤其是無法接收到「神聖母親」。
- 不再信任和相信你自己和你的創意智慧。
- 不再尊重自己，導致相信「靈魂」必定遺棄了你。

• 害怕貧窮、艱辛或未來資源匱乏。

重複說道：「我為我們全體寬恕這些老舊的故事。我寬恕它們，即使它們感覺不可原諒。」這麼做，直至你感到輕盈而平靜為止。過去壓垮你的潛意識的貧窮體驗，現在正在前往「中央太陽」的路途上。

現在，從你和平的皮囊中，我們召喚出所有受苦和掙扎的自我，而且輕輕地帶著它們來到「中央太陽」。說道：「感謝祢，母父神，用滿溢的慈悲與療癒填滿我所有受苦和掙扎的自我，包括我的前世和祖先們。感謝祢將恐懼和悲傷的低階振動轉化成為愛與喜悅。我以愛、感恩、對一切的尊重，召喚這股轉化和更新的能量進入我的存在。」

紫羅蘭色火焰海洋的影像消失，現在你看見祖母綠色的「心」的田野。我們邀請你跟我們一起說道：「『我本是』願意幫助人類集體啊！『我本是』願意幫助地球母親啊！」

你現在是一棵參天大樹上的一片樹葉。這棵樹木代表整個人類集體。感覺到這棵樹的樹根深深地扎入地球，直到進入大天使蓋亞的「心」為止。根部亮起祖母綠色和金色的光，而且開始發出嗡嗡聲。代表你的樹葉可以感受到這棵宏偉巨樹的節奏。

一旦樹根與「心」完全連結，嗡嗡作響的祖母綠色和金色能量便迅速地沿著樹根向上移動，進入樹幹和樹枝。樹葉開始在風中翩然起舞，亮起彩虹的色彩。來自「中央太陽」的歌唱之光使巨樹上的每一片樹葉盈滿永恆的豐盛，同時樹根吸收永久的養分。

說道：「我們全是一體，我們全都得到我們需要的一切。」

打開你的「心的力量」，與我們的「心」連結，而且感覺到我們的能量與你融合。從這個統合與一體性的地方，我們將真實的財富與平衡傳送到「造物主」能量中每一個正在掙扎的存有的原子內。透過「一的法則」以及「如其在上，如其在下；如其在內，如其在外」法則，我們感謝一切如是。

轉化全球的貧窮與轉化全球的無家可歸如影隨行。進入「地球教室」的所有「靈魂」都攜帶著遭到「天堂」的永恆恩典與自由放逐的感覺。「大宇宙」與「地球」之間的振動差異可能看似極端。當某星際「靈魂」的人類表達頭一次遭遇恐懼的時候，恐怕非常不知所措，於是那個人格可能會相信自己一貧如洗，必須早在嬰兒期就為生存而奮鬥。在你的人性與你的神性完全結合，使小我得到「心的信任」的安全滋養之前，你可能會在不同的時候感到失落和無家可歸。有些人類演出被逐出祖國或家庭的故事，為的是促進「人類一體」的療癒。

基於任何原因被迫遺棄家園的恐懼，對全球社群的影響強而有力。它助長資源競爭、貪婪、濫用權力、暴力。我們的下一項使命是要轉化對流亡和無家可歸的恐懼，而且要終結這個創傷，實現全體的最大利益。

第25章 轉化流亡與無家可歸

流亡的故事及其造成的深度創傷，在人類的集體記憶中有其淵源。流亡的發生可能原因眾多——極端天氣、政治、宗教迫害、貧窮、遺棄等等。無論讓一個人的人生連根拔起、改變環境的原因是什麼，持久的震驚、悲慟、暴怒、恐懼都值得被轉化。當你從細胞記憶和神經系統中轉化了過去將會重演的潛藏恐懼，你就等於幫助自己和未來的世代。關於流亡和無家可歸，另一種比較微妙的恐懼是，擔心感染某種無法治癒的疾病，這使你不再感到待在自己的身體內很安全。

擔心你的身體可能會遺棄你，或某種不可預測的改變可能會害你無家可歸，那是恐懼老先生和老太太的食物。這種戲劇性改變的恐懼源自於相信「神」已經遺棄了你，或相信你的家庭、社群或部族已經遺棄了你。當被遺棄的體驗成為你的一部分經歷時，那就好像走在斷層線上，因為在潛意識中，你總是防備著災難。最終，信任一切體驗的設計旨在帶你回歸你的「心」，這可以轉化流亡的負面可能性。提升你的振動以及臣服於「靈魂」的未稀釋的愛，將會使你帶著減少許多的創傷和「轉移作用」（**displacement**，譯注：心理防衛機制，意指個體將有敵意的情緒發洩在比較安全的對象上，卻不敢對受挫的來源表示不滿）穿越人生的功課。為了使你的振動盡可能地保持沒有恐懼，我們會幫助你清理掉體驗到需要逃離才能拯救你的生命、理智、子女或價值觀的根本原因。

第一步是鼓勵你感謝「神聖母親」和「地球母親」提供你安全的住家和身體，尤其如果你目前感到不安全。感恩是正向的超級轉換器，用來轉換你的振動。當你的振動上揚，你就更容易接收到在你的人生中茁壯成長所需要的東西。當你得到幫助，全體均會受益。

第二步是要請求你持續覺察恐懼的老先生和老太太用防災策略霸凌你。未來還沒有到來。要將你的能量集中在創造感覺更加安全、和諧、可愛的未來，勝過你目前體驗到的這一個。

第三步是請求你完成下述療癒體驗，以此轉化祖輩的痛苦故事。當你擔憂自己的安全與保障時，請根據需要重複這則練習。

釋放流亡創傷的紫羅蘭色火焰

閉上眼睛，將自己看成一座正在噴發的火山，釋放著紫羅蘭色火焰岩漿。岩漿象徵被埋藏起來、需要浮到表面的憤怒。要運用寬恕的力量將暴怒轉化成為愛。說道：「我心甘情願地釋放我的祖先及前世自我的憤怒和震驚。」允許那座火山爆發，直到岩漿停下來為止，然後場景轉變成紫羅蘭色的海洋。

你與你的神聖內在小孩在一起，舒舒服服地在一張紅寶石色椅子裡休息。我們在海洋中圈住你，化身成十二根巨型的歌唱色彩柱子。我們正對著你的人類細胞歌唱，請求它們釋放所有的家族悲劇。要釋放圈住你的家族信念的情緒，「造物主」是看不見它們的。

我們現在用歌聲將你的細胞內與感覺被重視、安全、有保障、得到「本源」供應相關的所有恐懼趕出去。我們邀請你將紫羅蘭色彩帶進你的肌膚，使你感受到寬恕的力量觸及你的分子和原子。說道：「我寬恕這一切。我寬恕不可原諒的事。我為所有相關人等寬恕這一切。」

當一切清晰明確時，我們將場景轉變到「靈魂」的聖殿，那在「心」的祖母綠色世界中。這是你真實的「天家」，別人永遠無法從你身邊奪走它，就連死亡也不例外。

從「靈魂」的聖殿，打開你的「心的力量」，與我們的「心」連結，感覺到我們的能量與你融合。從這個統一團結的地方，我們將「天家」的振動傳送到還在掙扎奮鬥的每一個人的原子內。透過「能量法則」、「一的法則」、「如其在上，如其在下；如其在內，如其在外」法則，我們感謝一切如是。

對你這位最勇敢、最有意願的世界療癒師來說，下一項使命是轉化兒童被遺棄、遭忽視、不受尊重、受虐的故事。我們將寵物納入其中，因為寵物將受傷小孩鏡映給主人，為主人吸收苦難。運用未稀釋的愛的最大「力量」，你可以做出重大的改變，終結一代代持續重複的虐待模式。讓我們展開翅膀，與「神聖一體性」連結，改變看似不可能改變的事情。

第26章 轉化兒童被忽視與受虐待

你知道嗎？在天堂，你可以是兒童、青少年、年輕人或成年人，由你的心情決定。你是否曾經問過自己這個問題：「地球教室上的教育強度已經夠高了，為什麼還要有童年和養育子女這個部分呢？」這些體驗有助於學習成為不朽、完全慈愛、寬恕一切的神聖小孩有何價值。讓我們從神性慈悲的位置幫助你理解，當你投生到地球上的時候，會發生什麼事，以及為什麼生命會從巨大的失望開始。

在地球教室上，人格與「靈魂」的真實母親和父親源源不絕的指引和愛斷連。允許這份「真理」滲透進來，你就會開始領悟到，任何人類父母都不可能延續「大宇宙」的「神聖母親」和「神聖父親」的無條件的愛。新生兒想要從自己的人類父母得到的正是神聖、無條件的愛。剛投生的「靈魂」已經離開了「天堂」的振動，進入到地球上浸滿恐懼的稠密實相。新生嬰兒立刻發現，自己的父母是凡人，也是脆弱、破碎、需索無度的孩子。剛剛體驗過出生的嬰兒看著母親的眼睛說：「我認識你。我們同意一起演出這部電影，而且我想要幫助你。」母親，無論是親生母親或代理母親，都會看著嬰兒的眼睛說：「我想要給你一切。」新手媽媽可能不明白，她只能給予她有能力給出的，而且她可能會因為體認到自己無法給予嬰兒足夠的東西而感到挫敗。當母親已經有幾個孩子的時候，她可能會問道：「我已經筋疲力竭了，要怎麼再多照顧一個孩子呢？」

對父母和孩子來說，這些體驗可能是一部有著悲傷和震撼場景的電影。如果沒有未稀釋的愛和寬恕，整個人生可能會因為嬰兒期、幼兒期、青少年時期發生的事而持續充斥著痛苦與羞愧。然後童年的痛苦可能會在他人乃至寵物身上演出。在這種情況下，原本的痛苦倍增，加上罪疚、羞愧、責怪，感覺上更加沉重。該如何理解、寬恕、轉化——因忽視、遺棄、虐待而產生的低階振動呢？向有智慧的諮商師求助以及請求來自「靈魂」的療癒可以創造奇蹟，幫助所有相關人等了解這番苦難的根本原因。我們建議所有人格都這麼做：請求自己的「靈魂」介入，停止那份痛苦。你可能無法改變別人的苦難；不過，你可以請求對方的「靈魂」代表對方進行神性介入。真正慈悲地看待陷在被忽視或受虐循環中的所有當事人，那頗有幫助。慈悲需要發自內心。讓我們幫助你進一步了解虐待。

人類的父母往往看不到自己下意識地將自我排拒和傷害投射到孩子身上。不知不覺中，他們將自我嫌惡發洩在無辜而脆弱的孩子身上。寵物主人也可能有類似的缺乏覺知，於是將負面情緒投射到毛小孩身上。寬恕這一切，尤其是感覺不可原諒的事，才是解決方案。

了解「靈魂」在投生轉世之前設計了自己的童年創傷故事可能有幫助。重大的邊界侵犯是在「靈魂」層面達成協議的，而且是在進入地球教室之前達成。讓人有希望的消息是，在創傷事件發生之前，可以改變施虐者與受害者之間的所有協議。虐待可以被制止啊！如何做到呢？方法是：自我寬恕進入施虐者的意識，以及未稀釋的愛的「力量」溢滿受害者。讓我們解釋一下。如果父母在童年時期受虐，他們的孩子可能會承受類似的經驗，為的是幫助這位父母憶起自己的創傷並療癒。對孩子或寵物濫用權力的成年人，正在將今生或最近某個前世重複發生在自己身上的事投射到孩子身上。當這類成年人清理掉恐懼的老先生和老太太，讓自己可以重新成為自己內在受傷小孩的父母時，他們便轉化成功，不再是受害者與施虐者。帶來某個暴力前世殘餘的兒童也可能成為施虐者，虐待父母、其他家人、寵物。無論虐待的故事從哪裡開始，都值得運用寬恕的非凡療癒力量轉化。

最終的功課是，寬恕即使感覺不可原諒的事，以及將施虐者視為受傷而破碎的人格，正在盡其所能地運轉（但實際上可能根本轉不動）。每一個施虐人類的內在都有一個被踐踏的小孩，他的尖叫聲需要被聽見。對正在傷人的那個人而言，一支「天使」團隊在旁照看，而且將會依據「靈魂」的命令仲裁調解。

查看下述與虐待有關聯的感受和行為時，請允許大天使麥可與大天使維多利亞將你包裹在勇氣的力場中。當任何感受或行為與你起共鳴時，務必好好留意。確認你的感受可能會透過呼吸急促或身體不適出現。請注意，我們的清單與振動有關，可能不包括你的確實感受。

與虐待有關聯的感受和行為

- 當事情感覺失控時，會出現不可預測的壞心情或脾氣。
- 焦慮。
- 悲傷。

- 難以甩脫的無價值感。
- 羞愧。
- 罪疚。
- 路怒症。
- 邊界感薄弱。
- 惡夢。
- 不明原因的精疲力竭。
- 對環境和陌生人過度敏感。
- 強烈渴望預測未來，而且只要有可能，便想操控未來。
- 很難像尊重他人的需求一樣尊重自己的需求。
- 難以做出決定。
- 很難得到足夠的金錢來滿足自己的需求。
- 經常需要認可。
- 對你的肉身有強烈的負面評斷。
- 對把金錢花在自己身上感到羞愧。

- 害怕求助。
- 害怕冒險。
- 需要醫療幫助時，害怕尋求醫療建議。
- 害怕獨處。
- 害怕與陌生人在一起。
- 害怕情感。
- 害怕情感上的親密。
- 害怕性行為的親密。
- 害怕感覺自己的感受以及表達自己的需求，即使是對自己也不例外。
- 感覺不夠好。
- 評斷行為不敬的其他人。
- 評斷或批判另外一個人與自己不同。
- 感到有壓力。
- 覺得自己一定有什麼問題。
- 接受令你不自在，付出讓你比較自在。

- 感覺受害、被騙、憎恨，藉此對人生中充滿挑戰的情境做出反應。
- 大喊大叫、咒罵或在言語上不尊重另外一個人的空間。
- 貶低另外一個人。
- 嘲諷他人。
- 懲罰自己、兒童或動物。
- 爭奪關注。
- 與自己解離或與自己脫鉤。
- 成癮以及強烈依戀活動、毒品、金錢、酒精、性，或對自己或另外一個人有害的任何事物。
- 需要成為關注的中心，不然就是相反，需要給出關注，而不是接受關注。
- 需要掌控全局和握有權力才能感到安全。
- 養育大家，或只養育時常陷入危機、需索無度的那一個。
- 傾向於遷就他人的抉擇以及避免衝突。

寬恕童年的創傷

閉上眼睛，吸氣。你的「靈魂」、神聖內在小孩、神聖女性、神聖男性、你的身體的大自然「天使」，都在幫助你體認到此刻該要寬恕什麼。

將上述清單中任何起共鳴的感覺或行為，包裹在紫羅蘭色火焰之中，然後將那些包裹放在你身旁的祖母綠色土地上。說道：「我將我的童年交給與中央太陽結合的靈魂療癒。我寬恕所有的傷害事件，無論是明顯的創傷或微不足道的小傷。我寬恕我的童年電影中的所有角色，即使感覺很難寬恕他們。而且我寬恕我自己，也寬恕神聖一體性感覺被神遺棄了。」

拿起躺在祖母綠色土地上的包裹，將它們放置在朝向天界的綠松色和金色傳送帶上。我們承諾會為你將每一個特殊的包裹交給「造物主」。說道：「我邀請靈魂使我盈滿自由和喜悅啊！」

現在時候到了，該要深深潛入並清理掉你的遺傳基因中的虐待。這麼做幫助你，也幫助你的家人，而且大大幫助人類集體。

清理被忽視與受虐待的DNA擦洗

請從頭到尾讀完這則練習，如果願意，不妨請求你的守護「天使」和「天堂幫手」們，在你夜間睡眠時進行清理的工作。

做幾下深呼吸。持續深呼吸，直至你感到平靜而踏實為止。走過敞開的紫色門，跳進有金色星星閃爍的紫羅蘭色火焰海洋。與你的神聖內在小孩一同游泳，直至你們來到我們這裡為止，我們是由十二位天使圍成一圈，全都浸淫在白金色的歌唱之光中。

在我們的圓圈中間有一只祖母綠色的大圓盤。請躺在圓盤上。這麼做將會感覺舒服而安全。我們輕輕地為你蓋上一條柔軟的粉紅寶石色毯子，然後從你的分子中提取出下述你的祖先的故事：

- 亂倫。
- 在人生的任何年紀從事人口販賣和賣淫。

- 性騷擾與不當的性行為。
- 體罰或言語羞辱。
- 心理虐待，包括心靈虐待（透過一個人的直覺聽見虐待或性侵的想法）。
- 生理的飢餓。
- 監禁、囿限或情緒奴役。
- 欠缺安全、保障、穩定。
- 恐懼、暴怒、罪疚、羞愧。
- 犧牲。
- 身體、心智、或情緒受苦，或親眼目睹這類情況。
- 遭到你信任的成年人或導師背叛和操縱。
- 被霸凌、嘲笑、折磨或拷打。
- 成為童工。
- 被迫參與造成創傷的體育、宗教或教育活動。
- 必須非常快速地長大，才能熬過家庭功能障礙與危機。

- 親眼目睹暴力、毀滅、死亡。
- 遭父母一方排拒或遺棄。
- 在嬰兒、兒童或青少年時期與家人分離一段時間，導致神經系統受到驚嚇。
- 被恐懼洗腦。
- 你要什麼沒什麼，同時你周圍的人們卻擁有他們需要的東西。

我們將所有這些痛苦的故事傳送給「中央太陽」。請求你開口説道：「我從我的分子和原子中釋放這些悲劇故事。我為我們大家釋放它們，而且寬恕它們，即使它們不可原諒。」重複説道：「我寬恕」，直至你感覺到比較輕盈為止，於是海洋的紫羅蘭色轉變成彩虹的色彩。

我們把你舉起，離開彩虹海洋中的圓盤，放在「心」的祖母綠色土地上。你的粉紅寶石色毯子滲入你的身體內，而且迅速被新毯子取代。這些能量毯持續滲入你的存在，直至你完全浸滿來自「大宇宙」的「神聖母親」的純真與未稀釋的愛為止。

說道：「感謝祢，神聖母親，幫助我接收快樂新童年的振動進入我的人類原子中。『我本是』願意祢成為我的母親，而神聖父親成為我的父親。」

你的神聖女性和男性拿起代表最高振動自尊能量的發光黃球，安置在你的太陽神經叢。自信增長，使你的人性的每一個細胞盈滿你的神性的自我價值。說道：「『我本是』完全神性的人類，也是完全人性的神性！」

我們「十二大天使」，現在將我們的能量與你的能量融合，一起召喚「大宇宙」的所有星際存有，將他們的「心的力量」加入這份有魔法的融合之中。我們將這份重新創造的快樂童年的「愛」傳送到所有人類的受孕時刻，包括過去、現在、未來，以此持續促進自由與療癒。我們也將這股重新創造和揚升的能量，傳送到地球上存在的所有原子內以及星體濾鏡的恐懼振動中。

與我們一起命令和啟動，說道：「萬物一體。萬物再次變得完整圓滿，透過神性法則的力量以及造物主未稀釋的愛的心的力量。」

第27章

用未稀釋的愛轉化仇恨、暴力、邪惡

在地球教室允許的最低振動上，最令人上癮和信服的恐懼幻相，可以促使小我將夢見的惡夢化為現實。在這個看似沒有回頭路的時刻，小我浸滿恐懼和自我嫌惡，導致它相信愛並不存在。在這個最嚇人的惡夢中，小我的人性已經陷入了與「靈魂」分離的最黑暗深淵，而且正以恐懼為食，利用恐懼作為使小我活出的可怕夢境得以存活下去的力量。我們感謝你有勇氣閱讀我們的文字和聽見我們的誠實懇求。你願意幫助我們為那些被困陷在電影中的人們策劃一次神性救援嗎？在那部電影中，無論真實或想像，仇恨、暴力或邪惡，都是那些人正在體驗的一部分場景。

請從頭到尾讀完這則療癒體驗，而且將巧克力準備好放在手邊，因應療癒前和療癒後。巧克力是我們幫助大腦轉換振動的塵世藥物，而且對於清理掉吸收到的任何負面或恐懼想法，巧克力非常有幫助。假使你不喜歡巧克力，那就請求你的守護「天使」運用巧克力的振動額外加持你的飲用水的分子。

冥想練習 45

神性救援

閉上眼睛，吸進愛。運用你的意念，呼出你體內的所有恐懼。在你最喜愛的「中央太陽」歌唱光芒色彩中，吸進更多的愛。

走過紫色門，發現大天使麥可和麥達昶正在遼闊、漆黑的深淵邊緣等候著你。這個坑洞看起來、感覺起來沒有底。牽起你的神聖內在小孩的手，留神觀看巨大而溫柔的未稀釋的愛的寶石藍色翅膀包裹著你。說道：「『我本是』願意幫助人類一體中癌細胞最多的細胞。是的，『我本是願意』啊！」

然後你們全都一起跳入深淵。你墜落，彷佛永遠到不了底部似的，但你確實到達了底部，而且輕輕著陸。

兩位大天使指向三間地牢牢房的方向，牢房被耀眼的橙色光照亮。第一間牢房內有一隻雄性怪物，第二間牢房內有一隻雌性怪物，第三間牢房內則有一隻兒童怪物。我們不要求你去看那些怪物。要告訴你的是，他們曾經看起來宛如美麗而聰明的人類。

請與你的神聖內在小孩一起説道：「一切都被寬恕了。」兩位大天使用白色和紫羅蘭色歌唱之光從上方澆淋這些地牢牢房，而且將大量未稀釋的愛送進牢房，流經每間牢房的地板。鄭重聲明：「愛是本源，將你的振動從最深層的恐懼提升到最高階的頻率，也就是未稀釋的愛。我們將你傳送給中央太陽。」

大天使麥達昶拿起有奇怪橙色光的燈籠（象徵靈魂，感覺好遙遠），將燈籠扔出深淵，扔回到「神聖一體性」。

各種形狀和大小的天使們來到深淵，用紫羅蘭色火焰真空吸塵器和硬毛刷，清理掉恐懼的空間和恐懼的分離幻相。

兩位「大天使」從上方引進來自「中央太陽」未稀釋的愛的光芒，填滿深淵。你和你的神聖內在小孩升起，回到地平面，回到祖母綠色的草坪。深淵完全閉合，而且在閉合的疤痕上出現永遠開著花的櫻桃樹。

説道：「我感謝所有仇恨、暴力、邪惡的幻相、復仇和毀滅的罪行都被未稀釋的愛澈底而完全地轉化了。透過心的力量，我允許神性法則透過我運作，根除掉地球教室的這份心痛。感謝造物主，作為人類一體的一個細胞，我正在療癒，實現全體的最大利益和最高喜樂。」

第28章 轉化不平等、種族主義、歧視

「地球母親」歡迎來自無限而美麗的「大宇宙」各地的「靈魂」們透過她的子宮投生轉世。所有人類共有同一位母親，在她富饒而肥沃的土壤、白沙海灘、紅岩峽谷中，你可以找到她的肌膚色彩。她令人印象深刻的山脈通道壁和裸露懸崖展現出整個彩虹色系。你可以在「地球母親」的肌膚中體認到你的肌膚的顏色嗎？無論你像她的夜空和海洋深處一樣黝黑，還是像她的牡蠣中的珍珠一樣白皙，你是否看見她是你的母親，而且你們共享她的美麗與聰慧？

你們甜美的藍色星球就是「大天使蓋亞」，祂和祂的月亮屬於「十二大天使」家族。我們感謝每一位造訪地球教室的「靈魂」。無論其小我的教育看起來是什麼樣子，我們都選擇將所有人類視為我們的兄弟姊妹，屬於「聲音」與「光」。我們要分享的好消息是：當小我在肉體死亡之際跨過彩虹橋時，任何種族主義的殘渣以及任何

類型的歧視，都像一堆白雪在溫暖的夏日陽光下融化消失。假使所有人類真是同一位母親所生，都是「十二大天使」的兄弟姊妹，那麼這類邪惡的種族主義從何而來？又有何目的呢？

凡是不接通自己「心的力量」的人格，都會在某方面遭受不平等的寂寞故事折磨。這包括某個人類優於任何其他人類或優於大象或松針的幻相。「造物主」能量的所有粒子都具有同等的能力，可以閃耀出未稀釋的愛的創造光芒。種族主義與歧視是學習這門功課的極端方法。無條件地接納個人的自我是開始的好地方，可以學到必須學習的東西。要練習接納你所厭惡的自我面向，不評斷或懲罰，而且要成為轉化者，轉化種族主義、不平等、歧視的痛苦實相。你內在的治癒將會反映成地球教室「如其在外」的正向改變。

當你面臨其他人類的不尊重和虧待時，你需要做什麼呢？你會跳出自己的電影、進入對方的戲院嗎？不要用你的陽剛面反應，給衝突火上加油，而是要讓自己扎根接地於「心」的祖母綠色草坪。說道：「『我本是』神聖一體性。萬物都屬於神聖一體性。我們是神聖的一體性。」當你說出這句簡短的真言，你正在啟動「心的力量」，傳送出在「母父神」眼中一切平等的「真理」。透過你的冷靜，你正忙著將這則訊息傳送到所有相關人等的心中：「神」不偏愛某個孩子勝過另外一個孩子。透過你的「心的力量」，你傳送這則訊息，直指人心，轉化目前被向外投射到其他人類身上的自我仇恨。

歧視開始於內在，由內在轉化到外在。當某個小我感覺不如或優於另外一個人時，這個小我在振動上已經脫離了「靈魂」。假使你的人生顯得優於或糟於他人正在體驗的人生，我們請求你不要評斷自己。不要評斷你正在活出的電影。當你把自己的所有前世加總起來，你曾經是各種顏色的肌膚。在你漫長的旅程上，最重要的是，你選擇尊重萬物的神性，敬重集體中的所有人們都是兄弟姊妹。讓我們，「十二大天使」，幫助你的小我知道，何時該要插回「靈魂」的「力量」插座，而且從那個接納和「信任」的地方出發，讓我們與你融合，照亮「人類一體」這棵活生生的樹木。

冥想練習 46

轉化法官們

閉上眼睛，深深吸一口氣。完全吐氣。走到紫色門前，拉響恐懼的老先生和老太太警報器，啟動紫羅蘭色火焰噴灑系統。說道：「出去，出去，出去，善於操控和評斷的老先生思想！出去，出去，出去，無能為力兼受害者的老太太感受。」

跨過紫色門，登上通到信念圖書館的階梯。當你抵達圖書館時，你注意到圖書館溢滿紫羅蘭色火焰。這片用來清理深層潛意識的紫羅蘭色火焰海洋，已經上升到潛意識上層。你正在體驗雙重的ＤＮＡ分子擦洗以及信念（書籍）的釋放，需要用未稀釋的愛加以轉化。

與你的神聖內在小孩和守護「天使」圖書館員一起，走進圖書館正廳，請求守護天使圖書館員帶你去到左邊令人生畏的法庭。在此，你會發現輕判、公正、重判的法官們拿著量尺和天平。書本（充斥著你的祖先和前世自我們的信念、做法、痛苦記憶）正穿過地板的裂縫浮現。這些書可能有震撼人心的書名，例如《淺膚色優於深膚色》、《男性優於女性》、《長子優於么兒》、《富人優於窮人》或《耶穌的智慧勝過穆罕默德》。法官們爭先恐後，試圖將書戳回地板底下的藏書處，但為時已晚。

與你的神聖內在小孩一起，從大天使麥可手中接過「真理之劍」，放置在法庭中間。說道：「我選擇神聖一體性的真理活在我心中。透過心的力量，我將所有輕判、公正、重判的法官們、信念、做法、記憶全都傳送給中央太陽轉化。我寬恕一切，即使事情不可原諒。」

法庭吹起一陣令人驚歎的紫羅蘭色、紫色、寶石藍色、祖母綠色、鮮紅色、金色火焰。眨眨內在之眼的功夫，你發現自己在祖母綠色的草坪上，欣賞著「人類一體」之樹。最令人難以置信的事正在發生。大天使蓋亞的「心」的祖母綠色能量盈滿樹根，而且持續上升進入樹幹和樹枝。「中央太陽」從上方使樹葉盈滿白金色的神性之愛，於是樹葉開始在風中起舞。

樹木高層與低層的樹枝、樹葉交錯，搖曳生姿。這支舞持續，而且隨著每一個動作，等於是你的那片樹葉改變顏色。是的，樹葉表面的顏色轉變成「人類一體」之樹上的每一種彩虹顏色。

「靈魂」就像這些樹葉，樂於從某個化身轉變到下一個化身，好讓他們可以在這棵「生命之樹」（Tree of Life）上的無限個位置體驗到所有不同的視角。

我們請求你好好感覺就是你的樹葉。與你的小我一起承認在你頭腦中輕判、公正或重判的法官們。鄭重聲明：「我選擇愛。」然後將那些法官們傳送給「中央太陽」。

我們的能量與「人類一體」和「地球母親」的「造物主」能量粒子融合。我們全體一起，包括你和你的神聖內在小孩，將愛傳送到缺愛的地方。我們傳送的「真理」是：萬物都是「神聖一體性」的一部分。我們將無條件的接納和尊重傳送到「人類一體」中欠缺這些的地方。好好感覺一下為全體光榮地選擇愛。我們是「神聖一體性」啊！

第29章
轉化領導力與權力濫用

為什麼人類相信他們需要被支配、統治、保護，以及被告知該做什麼呢？從我們的視角看，只有與自己的神性智慧斷連的人類，才需要或渴望追隨或反抗「靈魂」之外的某位領導者。政府、宗教、機構、公司、另外一個人類想要領導的不管什麼其他地方的領導者，可以被分成兩個主要陣營。一個陣營利用恐懼的老先生和老太太領導，由帶頭的小我主事。在另外一個規模小許多的陣營中，領導者運用「心的力量」和「靈魂」的指示領導。當從小我出發帶領大眾的領導者，認為自己的領導是從「靈魂」出發時，他們可能會欺騙、操縱、混淆每一個人，包括他們自己。這是恐懼的老先生和老太太最愛的領袖類型，因為這類領導者希望擁有凌駕他人的權力，方便他們遂己所願。

小我想要即時的滿足，而且當恐懼的老先生在駕駛座上時，可能會行事抱持自以為是的心態，那告訴他們，不管是什麼，只要想要，都可以擁有。他們相信自己有權利拿走那樣東西，不管東西在哪裡，或誰擁有那樣東西。他們不僅證明拿取正當有理，而且可能還會招募追隨者為他們拿取。對你來說，最重要的是要理解到，最優質的權威，永遠是你自己的神聖內在小孩、神聖女性、神聖男性。如果你的小我偏離軌道，那麼「靈魂」知道如何把你帶回到中心，讓你可以盡可能地活出最美好的人生。「天使」們請求你取回自己的最高「意志」，好讓你運用你的小我力量和聰明才智，實現全體的最大利益（遵循「一的法則」）。

當你說：「我讓我的小我的意志臣服於我的靈魂的意志」的時候，你內在由你的「靈魂」和「造物主」指揮的最高振動法則和秩序就被啟動了。假使你的小我認為這聽起來還不夠印象深刻，那麼你或許應該說：「我讓我的小我的意志臣服於我的靈魂的意志，與我的超靈（OverSoul）完全結合。」假使這仍舊令小我不滿意，我們還有另外一個萬無一失的命令版本：「我讓我的小我的意志臣服於本源的意志。」這是一則「心的力量」命令，由所有三項神性法則支配。說出這則命令將會保護你免於被欺騙，不被由受傷和斷連小我指揮的人們蒙蔽。

恐懼的老太太可能會誘使你相信，你是受害者，受制於當前和過去的決策者，包括你的父母、教練、學校老師、醫療顧問。你人生中的每一個權威都可以為你的電影帶來失望和絕望嗎?我們要說的是,只有當你讓自己的神性「意志」沉默不語時,你才允許這種情況成為你的實相。

玄祕學家早在地球教室漫遊了好久,他們沒有捲入衝突,沒被人用槍指著,也沒有為了生存而被迫違背自己的價值觀和倫理道德。他們知道要把自己的振動保持在高檔,讓自己的心智盈滿未稀釋的愛。他們拒絕被政治酬庸、評斷好壞,也拒絕成為商品宣傳的犧牲品:「跟隨我,我告訴你怎麼做,就怎麼做,我會保你安全而富有。」你內在住著一位同等強大而睿智的聖賢,就是你的神聖內在小孩。按照你的「心」的指引活出你的人生,於是衝突、災難、喪失個人力量和財富,將不再是你的電影中的場景或你的故事裡的篇章。

我們會幫助你轉化某些內在自我,它們被由小我指揮的領導階層的虛假承諾誘惑了。這類領導者可能喜歡利用老先生的恐嚇和老太太的罪疚限制,你所活出的人生。一旦你的內在轉化完成,我們就會提出我們的方法,將最高振動的「意志」傳送給需要神性介入和重定路線的政府、宗教、商業領袖。

請從頭到尾讀完我們的療癒體驗,了解我們正在運用「如其在上,如其在下;

如其在內，如其在外」的神性法則。當你有「靈魂」負責建構你的人生、支配你的抉擇、保護你、充當你的父母型權威人物時，你就不需要外來的領導階層。假使你讓小我臣服於「靈魂」的權威，那就沒有必要飽受外在權威人物介入之苦。好好考驗我們吧。我們知道正在與你分享什麼。我們的使命是讓「人類一體」擺脫缺乏選擇的自由，進入豐盛、和諧、平衡，實現全體的最大利益和最高喜樂。

冥想練習 47

取回你的最高振動意志

觀想你自己脫掉軍靴，從喉嚨中拔出有口號的政治旗幟。將軍靴與旗幟放入內有沸騰紫羅蘭色火焰的鮮綠色大水壺中。說道：「我選擇讓小我的意志臣服於靈魂的意志。我將害怕說出自己意志的任何恐懼交給本源。」

一手放在紫色門的水晶門把上。打開門，步入祖母綠色的草坪。與你的神聖內在小孩、神聖女性、神聖男性一起，步入輕輕流動的轉化和寬恕的紫羅蘭色火焰河流。你的神聖內在小孩會伸手觸碰你的心臟區。你心中的一扇門開啟。

說道：「我將內在所有沒有父母的小孩召喚出來。我將內在所有困惑的自我召喚出來。我將內在所有無緣由叛逆的自我，以及所有取悅人們和損害誠信的自我召喚出來。我將內在所有被激怒和無能為力的自我召喚出來。我將內在所有恐懼老先生和老太太的念頭和感受召喚出來。然後心存感恩，承認你們曾經為我服務，我將你們釋放到紫羅蘭色火焰河流之中，而且我寬恕你們大家，即使我並不知道我在寬恕什麼。」

所有無領袖的自我從你內在流出，流入紫羅蘭色火焰河流。它們安全地漂浮到地平線上的「中央太陽」。說道：「我讓我的小我意志臣服於我的靈魂意志，與中央太陽合而為一。」

這條河流將會轉變成絢麗的鈷藍色，其間交織著洋紅色絲帶。說道：「我召喚我的神聖女性意志進入我的人性，讓我可以感受到我的真理、了解我的真理、追隨我的真理。」洋紅色將會盈滿你的喉嚨，感覺撫慰人心。

現在說道：「我召喚我的神聖男性意志進入我的人性，讓我可以表達我的選擇，而且清楚地知道該怎麼做才能活出最高振動的人生。」鈷藍色盈滿你的喉嚨，於是你說道：「我對造物主很重要啊！」

然後鈷藍色和洋紅色河流轉變成祖母綠色和金色。河流上升到你的頭頂上方，變成一條有祖母綠色和金色閃光的巨型能量蛇。張開嘴，說道：「到我這裡來，我的心的意志。告訴我，我渴望什麼。告訴我，我的心正帶領我去哪裡呢？」那股能量立即流入你嘴裡，並用信任「靈魂」的「心的力量」盈滿你的人性的每一個原子。

從這樣的信任出發，信任活在你內在的唯一權威，我們融合我們的能量與你的能量。我們將未稀釋的愛構成的一把把彩虹劍，傳送到地球教室上過去、現在、未來每一位以小我為中心的領導者的脊椎內。我們將他們濫用的恐懼力量傳送給「中央太陽」。「人類一體」啊，感謝你學會臣服於最高「意志」。

第30章

轉化戰爭與軍事行動的遊戲

每一個人類的內在都住著一個目中無人、精力十足、適應力極強的年輕男性，他可能會、也可能不會以正向而有成效的方式表達自己。這位年輕男性希望成為幫助他人的英雄。在他的最高振動上，他是你的神聖內在青少年的陽性面向。然而，當他挫敗洩氣、感覺無能為力時，他就成為恐懼老先生的完美獵物，老先生告訴他，要競爭並獲勝，才能在世界上擁有權力和地位。

地球教室上，只要是有創新、正向改變、尊重與自己不同的人們、動機因素、誠實、勇氣的地方，就可以找到神聖年輕男性。在這個振動光譜的另一端，擔憂害怕的年輕男性顯示出自己需要與自己或他人戰鬥、躲藏和自我毀滅或競爭，才能生存下去，無論他在向上攀爬的過程中可能會傷害誰。當他預期到自己不可以為所欲為或讓別人承認他的意願時，他可能會變得暴力，於是壓抑的盛怒爆發。在此情況下，恐懼的老先生安慰他，告訴他，他可以幫助他得到想要的東西，而且現在就得到。

當這個擔憂害怕的年輕男性由恐懼的老先生養育時，他可能會為你帶來「路怒症」，於是你把自己的人生駕駛得太過迅速、太過用力。假使年輕男性被他的老先生和老太太父母忽視或懲罰，他可能會顯化成以小我為中心、成癮、衝動的行為，而且堅決認為他需要一把槍。擔憂害怕的年輕男性結合恐懼的老先生和老太太，在感覺受到威脅時，其心態甚至可能會展現出在言語上或肢體上傷害他人的慣性。

因為這位擔憂害怕的年輕男性（有恐懼老先生和老太太當他的父母）生活在「人類一體」之內，所以他在新聞上以使用武器傷害自己和他人的身分出現在全球實相中。悲劇的是，他活在決策者的影響底下，這些人煽動地球教室上的戰爭遊戲、生物和化學戰爭計畫、所有軍事行動。這位受傷的青少年透過擁有權力的小我表達，他可能極具領袖魅力，而且確信自己的方法是唯一的道路。無論他可能表現得多麼自信，他都欠缺情緒保障感。在他的盔甲底下是一個受到驚嚇的男孩，他知道自己非常不對勁，而且時常將這個情況投射到他想要懲罰的其他人身上。

讓我們一起努力轉化他，使他擺脫恐懼老先生和老太太的魔掌。一旦他在你內在自由了，就可以幫助我們將這位年輕男性從「人類一體」的右肩解放出來。

首先，在內在反問自己，而且看見自己的年輕男性出現在你的人生電影中的哪個位置。隨著你日漸成熟且致力於靈性旅程，他的行為改變了嗎？你能否確認，他何時運用結合他的陰性面、「心」、「靈魂」的平衡能量從未稀釋的愛出發行動呢？當你的年輕男性從他的「心的力量」採取行動時，承認他可以使你的人生立即變得更好。由於「一的法則」，你為你的神聖內在年輕男性賦能培力，可以幫助消弭戰爭、衝突、武器、幫派、毀滅性的毒品、敵對的軍事和治安行動。

我們首先要轉化以下這些領域：英勇的年輕男性將權威賦予恐懼的老先生，讓對方成為他善於評斷的父親，以及將權威賦予恐懼的老太太，讓她成為自己批判挑剔的母親。

冥想練習 48

與你的年輕男性合作

閉上眼睛，步入撒了彩虹魔法粉塵的白色火焰漩渦。邀請你的神聖內在小孩加入。詢問你的神聖內在小孩是否知道，在你的皮囊內的哪個地方可以找到年輕男性。因為我們正在轉化他的最低階振動，所以查看一下你的肝臟。你可以感覺到你的肝臟就在右側胸腔下方，它是你儲存憤怒的器官。假使他非常生氣，你可能會在自己的膽囊中感覺到他的拳頭舉起，膽囊位於肝臟上方的太陽神經叢區。

跟隨你的神聖內在小孩，當你找到年輕男性時，詢問他是否準備好要釋放並寬恕他的挫敗與盛怒。假使他的答案是肯定的，請求他變形成一座正在噴發的紫羅蘭色火焰火山。幫助他看見紫羅蘭色和鮮紅色的熔岩從你的頭頂噴出，將熔岩向上傳送到「中央太陽」。

深呼吸，然後詢問他：「為了顯化我們的最大利益和最高喜樂，你需要什麼呢？想要什麼呢？」讓他知道你真正關心他尚未滿足的需求和渴望，而且你希望共同努力，支持他顯化自由與成功。

給他一只盛滿白金色歌唱之光的茶杯，請他喝下「母父神」未稀釋的愛。讓他知道你希望他感到安全、被需要、受重視、有勇氣。

在熔岩從你的頭頂傾瀉而出、你感到涼爽和平靜之後，與他和你的神聖內在小孩一起進入「怨恨先生」的洞穴。「怨恨先生」象徵你的年輕男性感覺到的憎恨。當你無視年輕男性的感受並限制他的自由時，「怨恨先生」就越變越大。

無論就象徵性或真實而言，「怨恨先生」是由膽結石構成，而且他看起來像不友善但並不嚇人的怪物。說道：「出去吧，怨恨先生，你吃掉了我的自信，還把我的自我價值當早餐吃！」我們會幫助你將怨恨先生推入轉化與寬恕的紫羅蘭色火焰海洋。花點兒時間環顧一下怨恨先生的洞穴。讓我們幫助你清空他的毀滅性武器庫。請不要執著於你在自己的太陽神經叢內看見的任何武器。所有武器都象徵恐懼。清理掉來自你的這些象徵，幫助我們清理掉來自地球教室全球電影中的武器。

看見「中央太陽」使你的太陽神經叢盈滿白金色的神性之愛，直到那股能量從你的每一個脈輪和毛孔中散發出來為止。請求你的年輕男性帶你去見他的負面父母親，也就是他曾經賦予權威地位的老國王和老王后。

請求你的年輕女性青少年自我加入這項努力。她一直在旁觀看著。她掀開老國王和老王后下方的地板，釋放所有受害者（自我嫌惡的念頭以及嫉妒和背叛的感受）。說道：「我釋放這一切。我寬恕這一切。我選擇擺脫內在的衝突以及與自己的戰爭，現在就這麼做。」

你的神聖內在小孩按下按鈕，於是一切事物變成一片紫羅蘭色、寶石藍色、綠松色、紅寶石色、珊瑚色、祖母綠色、金色。鄭重聲明：「愛將恐懼轉化成為愛。」

請求你的年輕女性青少年自我與你的神聖女性融合，然後請求你的年輕男性現在與你的神聖男性融合。當你允許比以往更多的「靈魂力量」支持小我，就會感覺到你的小我的療癒逐漸擴展。

現在進入你的創意花園，請求你的神聖「自性」向你展示剛剛種下的植物，那肯定令你大吃一驚。在你睜開眼睛後，務必把那是什麼寫下來，好讓這個點子落地生根。

我們有另一項任務指派給你。需要你的幫助才能轉化恐懼老先生和老太太的振動，這類振動滲透到暴力視頻遊戲、好鬥挑釁的體育運動、戰爭遊戲和軍事訓練、社交媒體、新聞媒體、暴力電影和電視節目、色情、企業階級制度、幫派、有組織的犯罪，以及地球教室上所有其他振動類似的想法、感受、體驗。

我們首先療癒一下被困在「人類一體」肩膀上的年輕男性。一旦他被釋放，就會將我們的能量與你的能量融合，並用完全慈愛、具穿透力的紫雨浸透地球教室和星體濾鏡。

冥想練習 49

由內而外轉化或消滅衝突

深吸一口氣，說道：「『我本是』未稀釋的愛的細胞，活在人類一體之內。」看見你自己像熾熱的朝陽一樣發光。將熾熱細胞（也就是你）的紅寶石色、珊瑚色、黃色傳送給你周圍的細胞。我們將我們的愛添加到你的愛之中。我們全都將這份療癒導引至「人類一體」的右肩。

右肩開始發光，滌淨破碎而憤怒的男孩、年輕男子、老先生。他們像玻璃碎片一樣落入「人類一體」正在游泳的紫羅蘭色火焰湖泊中。讓我們說道：「『我本是』寬恕所有由恐懼的老先生和老太太造成的背叛。『我本是』選擇將未稀釋的愛的振動融入我所做、所說、所想、所感覺、所體驗的一切。『我本是』人類一體，造物主的神聖小孩。」

紫羅蘭色火雨開始落在整個地球教室。它由未稀釋的愛構成，而且因為它是最高振動的能量，它與「一切萬有」（all that is）的原子融合，包括物質和非物質、有生命和無生命、可見和不可見的一切。讓我們說道：「恐懼，我們稱你是『通向本源的棲息地』（Home to Source）。我們感謝你為人類一體提供的服務，而我們要說的是，我們不再需要你的服務了。」

想像你拍攝一把槍的照片，然後將那張照片放在紫色的水底下，然後是鮮綠色的水底下。看見那張照片的畫面轉變成一座園內玫瑰無刺的美麗花園。

第31章
轉化父權階層

恐懼若要誘捕你的小我，讓它遠離「靈魂」，它必須完成兩件事。首先，它必須降低你的陽性邏輯理性心智的振動，創造出一道與你的陰性情緒直覺心智分離的幻相牆。其次，恐懼的老先生必須掌管你的陽性心智以及主宰你的思想和行動。當這兩件事發生時，你被壓抑的邏輯心智將會設法操控你的直覺創意心智（那對孿生姊妹），直至你不再允許這個階層活在你之內為止。當你的心智是你自己的、扎根接地的、由良好常識支持的直覺時，這將是你解決問題和做出抉擇的方法。擁有開放的心智將會自然而然地促使為善於壓迫、經營「老派好男孩」俱樂部的老先生，工作變得非常令人反感。有鑑於此，我們承認，父權階層早已過時，然而要改變已經建立好的全球結構卻看似不可能——除非你迎進浩瀚的陰性財富。

為了讓人類轉化父權階層長久以來建立的不平等，「人類一體」必須承認並看重，陰性心智的能力更大，以及她更能夠觸及「造物主」的知識。運用陰性心智的人們可能會從事某些人認為比較不重要的服務工作，因為在父權的男性成就階梯上，這些工作的排序不高。當需要服務才能活出更好的人生時，地球教室上任何一個人的服務價值都不輸另外一個人。護士跟一流的外科醫生同樣有價值，處理垃圾的工人跟主廚同樣重要，辦公室的行政人員跟執行長同樣必要。

你可能會對我們說：「可是十二大天使，雖然服務本身可能價值同等，可是許多人的報酬根本談不上相等或公平。」我們的回答是讓你反問自己，對你自己而言，公平的薪資看起來是什麼樣子，而且不要根據你學過的知識回答這個問題。一旦你的神聖內在小孩驗證了真實的答案，就可以透過從「神聖母親」接收，請求讓公平的薪資來到你身邊。務必對流向你的收入表示感謝。感謝「本源」給你的工資會提升你賺錢的振動。它有助於讓這筆錢為你做更多的事。

任何形式的貨幣都屬於恐懼的老先生和老太太，除非你不讓他們操控貨幣。要記住，金錢的思想念相需要保留在黑盒子內，讓你不斷練習將它持續交給「本源」。當金錢被奪走，脫離恐懼老先生和老太太的權力遊戲時，父權階層便沒有支柱，所以要讓進入你的電影中的金錢擺脫他們的遊戲。要直接向「本源」求取使你活出美好人生和感到自由所需要的一切。要從你的陰性創意直覺心智思考、好好耕耘你的創意花園、從事使你的神聖內在小孩最快樂的工作，提供你的服務，因為它為你帶來莫大的喜悅。

假使你想要考驗我們的智慧，一次涉及一丁點自由，你可以幫助「人類一體」從沉睡中醒來。你的創意花園正在種植一種可銷售的產品，你越分享那個產品，得到的就越多。現在開始這樣交流互換，即使你相信自己需要為某家公司或機構工作，直至你感覺離開那裡很安全為止。我們了解，人類必須體驗實際的資源、機會、財務收入如何找到從「本源」通向你的途徑。感謝你請求「本源」為你帶來你現在需要的證據，而且要不斷地請求。

如果你的創意努力需要你僱用其他人與你一起工作，你可以選擇支付對方現行的工資，不然就是做一次深呼吸，好好聆聽你的「心」，詢問對方需要支付多少錢才能活出美好的人生。假使你沒有錢支付對方，那就請求「大宇宙」的「神聖母親」使你的營業額足以支付對方的工資。當每一個人類選擇落實尊重、信任、慷慨時，地球上的人生就會變得更加美好。

我們會賜給你一個象徵符號，用來轉化這個浸滿老先生的古老結構。你不能濫用這個象徵符號，因為它意謂著「如其在上，如其在下；如其在內，如其在外」法則。

冥想練習 50

深度滌淨恐懼的老先生和老太太

在一張空白紙上畫一個大圓圈。說道：「這個圓圈代表神聖一體性和大宇宙。這個形狀代表陰性面。」

在這個圓圈內畫一個等邊三角形。在我們的療癒練習中，三角形代表「心的力量」。看見這個圓圈盈滿紅寶石色歌唱之光。說道：「這個紅寶石色圓圈代表大宇宙的神聖母親。」將這個三角形看作出入口，有祖母綠色和金色歌唱之光從開口傾瀉而出。

三角形的頂點代表天堂的「如其在上」，三角形的底代表人間的「如其在下」。說道：「這個三角形代表如其在上，如其在下；如其在內，如其在外的神性法則。」

請求你的神聖內在小孩從圓圈中取出這個三角形，將它放置在一個正方形內。正方形代表陽性面。看見這個正方形在寶石藍色歌唱之光中亮起，說道：「這個正方形代表大宇宙的神聖父親。」

你的神聖內在小孩將三角形倒轉過來，讓頂點現在位於底部，三角形的底邊位於頂部。當三角形上下顛倒時，它代表公司結構頂層的金錢流向所有員工。「本源」暢通無阻地流過。說道：「『我本是』願意體驗到所有人們感到被重視和受尊重的奇蹟，因為他們對照料人類一體和地球有所貢獻。」

將那個圓圈、正方形、三角形交給我們「十二大天使」，讓我們可以將這些象徵符號轉換成紅寶石色、寶石藍色、帶金色閃光的祖母綠色能量。

我們贈送給你的最後一步是：與我們同行，進入這條歌唱之光構成的大河。當我們步入那些療癒色彩，我們說道：「『我本是』正在將恐懼的老太太送出人類一體。『我本是』召喚對神聖女性的尊重進入人類一體的每一個細胞之中。」

現在說道：「『我本是』正在將恐懼的老先生和他的結構送出人類一體的每一個細胞。『我本是』正在召喚神聖男性，與神聖女性平衡，進入人類一體。」

留神觀看這條眾多色彩的河流，轉變成轉化與寬恕的紫羅蘭色火焰河流。說道：「我感謝父權階層曾經教導人類的一切，而且我感謝它現在正在轉化成為心的力量！」看見紫羅蘭色火焰河流轉變成「信任」和「心的力量」，亦即祖母綠色和金色歌唱之光。說道：「『我本是』選擇尊重一切、眾生平等。」

第32章 轉化污染以及對大自然資源的剝削

對於在「地球母親」的教室裡上課的所有學生來說，「地球母親」是令人印象深刻的老師。她反映出人類集體冀望避開的負面和擔憂的念頭與情緒。需要的時候，她會增加功課的強度，而且重複，直到人類嫻熟精通為止。讓我們幫助你了解她希望人類學習什麼。恐懼的老先生和老太太引誘「人類一體」陷入不斷有所作為的壓力。「作為」屬於陽性，而且在日常生活中，陽性被視為比陰性重要許多。地球屬於陰性，因此她請求人類集體重視和尊重敏感而慈悲的「地球母親」。

在「人類一體」的意識深處（由潛意識所推動）相信，女性與其愛人和關懷的能力，不如男性與其對成功和權力的驅動力有價值。人類將這份不平等投射到「地球母親」身上，因為她是滋養培育的陰性，也是可以被占便宜和利用的女性。由於害怕自然資源耗竭，驅使人類忽視自己真實的母親，也因此對地球的滿目瘡痍視而不見。

身為「人類一體」的一部分，你可以做些什麼來轉化這類破壞毀滅和令人震驚的失衡呢？你可以從放慢速度以及覺知到自己的負面念頭和情緒開始。運用感恩提升你的負面振動，而且好好觀察蓋亞如何回應你的內在污染的正向轉化。這麼做帶來的幫助超乎你的領悟。你可以肯定的是，恐懼的老先生私下有不同的盤算。

恐懼的老先生將會持續宣揚，即時的滿足是正確的生活方式。他說，要關注金錢：擁有金錢，把錢花掉。他告訴你，現在就拿走你可以拿走的東西，因為明天可能就什麼也不剩了。要留在倉鼠轉輪上，不斷追逐金錢，不斷火急火燎地執行。不要考慮你的念頭、感覺、行為的振動有何影響。

「神聖母親」提供一種不同的生活方式。每時每刻，大天使蓋亞都用最高振動的愛和「真理」圈住你。她鼓勵你放慢腳步，讓你可以聽見自己的直覺。祂希望你發揮你的創意天才。這對祂有什麼幫助呢？

你知道嗎？燃燒「靈魂」的燃料，才能顯化造福全體的產品和服務，這在你的世界中鏡映成潔淨的能源。除了太陽能之外，「地球母親」還擁有這些祕密，以及將垃圾神奇地回收成為寶藏的微生物。你們的科學家擁有需要的知識，可以治癒蓋亞的物質身體。他們明白自己必須是勇敢而有耐心的內科醫生，有能耐承受父權階層的阻抗。「大宇宙」的「神聖母親」目前在振動上幫助這些科學家保持專注，他們會一起為拯救地球鋪平前進的道路。

有了這點認識，我們希望「人類一體」很快會同意療癒地球，即使這麼做不會有「盈利」，但是其重要性卻超越透過製造化石燃料和塑料掙錢。絕對有可能重新找回你們的星球，而且從內在開始就是最佳的起點，方法是：突破恐懼老先生和老太太的欺騙。無論你相信與否，修復「地球母親」需要「人類一體」中的全體對自己的負面念頭和感受負起責任。內在擔憂恐懼的念頭和低階振動的情緒，會造成環境資源的污染和枯竭。

為了改變空氣、水、土地污染、全球暖化、資源枯竭、地球毀滅的全球電影，人類必須重拾對「神聖母親」的尊重。一旦神聖女性的能量自由地流入人類的意識、潛意識、行動之中，「地球母親」就會擁有她需要用來療癒的最高振動能量。她的身體將不再需要充當鏡子，把被忽視和遭排拒的情緒（包括罪疚和羞愧）回映給學生們。

地球以及發生在她之內、表面上、環境中的一切，提供人類未被承認的情緒、念頭、振動映像。空氣污染，反映出人類被恐懼挹注的有毒負面思想。水污染反映出人類的致病情緒，包括暴怒、罪疚、羞愧、責怪。土地污染反映出人類不尊重肉身體以及與「靈魂」斷連。對土地、動物、礦物、植被、樹木乃至人們的剝削反映出強奪洗劫——拿取卻不詢問或修復損害。化石燃料的持續使用顯示，人類集體正活在過去，利用著老祖宗低階振動、浸滿恐懼的信念範型創造自己當前的實相。運用太陽能和潔淨的能源，展現出正向運用人類的創意（「靈魂力量」），而且鏡映出高階振動的念頭和感受（空氣和水），擺脫恐懼老先生和老太太的玷污。

大天使蓋亞與「大宇宙」的「神聖母親」合而為一，她請求你和地球的所有訪客，如果真的想要幫助她，就好好感覺你的感受以及提升你的念頭和情緒的振動。當你體驗到母愛匱乏或想要擁有卻得不到的時候，要持續覺察恐懼的老太太會強化任何人生事件的痛苦記憶。這類記憶拉低你的振動，而且無論你喜不喜歡，你的塵世自我都會重新安置你曾被剝奪的東西，藉此平衡能量的損失。

當「能量平衡」與「放下憎恨以及寬恕需要被原諒的事」無法好好合作時，你可能會以不健康、不尊重或自我懲罰等低階振動的方式達致能量平衡。「能量法則」告訴你，這類反應可能會使你進一步下墜。覺知到從而療癒你的感受值得你好好努力。當你選擇以最高振動的方式平衡損失時，你就幫助所有相關人等（「一的法則」），而且這包括「地球母親」。她對你的愛超乎你的理解，她成為慈愛的母親，用實際的天氣事件反映被你潛抑的感受和情緒，藉此幫助你與你的感受連結。她的身體不斷地向人類展示，人類需要釋放和寬恕什麼。進入內在經常和平與平衡的中性情緒地帶，可以幫助地球重拾她的力量與生命力。我們在下述清單中為你提供「地球母親」的情緒反映摘要。

表達人類情緒的天氣事件

- 龍捲風吸收當地社區壓抑的憤怒，然後在落地時釋放。
- 颶風、熱帶風暴、東北風暴、颱風清理掉大片地區、往往是整個世界的情緒。
- 暴風雪用提純淨化澆淋世界，儘管它們可能不會覆蓋整個地球。白雪潔淨空氣中的負面思想，冷卻生氣與暴怒。
- 森林火災展現暴怒，也為受到影響的地區和整個世界創造轉化與重生。
- 雨水幫助地球的一切眾生，感覺他們的感受以及釋放他們的感受。陣雨就像在你需要哭泣的時候觀賞悲傷的電影。「天使」們在下雨時哭泣，因為我們添加喜悅的眼淚，以此幫助轉換悲傷的振動。

- 霧表示，騷亂四起。看見自己戴著一頂紫羅蘭色火焰製成的帽子，將會幫助消除腦袋中朦朧的想法，協助你再次聽見自己的直覺。
- 洪水代表人類的感受無處宣洩，於是情緒傾瀉噴湧。所有的洪水都在說：「放下過去，拒絕把你向下拉進受害者意識的恐懼老太太。」
- 缺水造成的乾旱是「地球母親」在說：「感覺你的感受，與心連結。讓信任盈滿你，更好的全新人生體驗才能進入你的電影。」
- 雹暴帶來「醒來」的訊息，以及正視你的選擇和行為。放下讓你不快樂的事，放下過去。寬恕過去，你的未來才可能豐盛充裕。
- 全球暖化是顯眼的訊息，表示，就價值而言，金錢並不等於生活在剛好是你母親的原始星球上。全球暖化說道：「『我本是』大天使蓋亞，我受夠了胡言亂語。要拒絕貪婪和恐懼，選擇愛，關心你的健康和你的小孩們，包括你的親身子女以及你的內在小孩。要尊重和珍惜你的母親，因為我始終關心你。」

無論天氣模式如何，尊重這些訊息都有助於風暴減弱以及乾旱更快結束。正如你的人類身體是你的情緒天氣的信差，「地球母親」也是信差，傳達「人類一體」正感受著什麼。你對她最大的幫助是好好感覺自己的感受，同時婉拒恐懼的老太太提議讓你成為受害者。請求「大宇宙」的「神聖母親」以同時尊重「地球母親」的方式，接收你需要的一切進入你的實相中。好好尊重陰性面，成為自己最好的母親和照顧者，好好聆聽你的直覺。好好享受你的創意花園。所有這些事都幫助大天使蓋亞重新平衡與恢復。你可以送給自己的另一項重要禮物是，不要為了金錢而損害你的「心」的真理。要讓你需要的資金從「本源」自行找到通向你的方法，而且信任這份責任屬於「靈魂」。當你關閉自己的感受，讓自己為了生存而從事你所鄙視的工作時，你只會餵養恐懼的老先生、他的貪婪以及他對地球造成的毀壞。

感謝你為了轉化污染以及重新平衡地球母親，而完成最深層的療癒練習。

冥想練習 51

重新平衡神聖女性的力量

閉上眼睛，放鬆地深呼吸。釋放身體的緊張感。吸入沉靜的氣息。走過紫色門，與你的神聖內在小孩和神聖女性一起步入紅寶石色湖泊。說道：「我渴求神聖母親未稀釋的愛。感謝祢使我盈滿情緒保障與人身安全。」

當你完全浸滿神聖女性與「大宇宙」神聖母親的紅寶石色能量時，說道：「我釋放並寬恕體內任何有毒的情緒和信念範型。我將這些情緒和局限人心的信念傳送給中央太陽轉化。」有毒的情緒和有害的信念，看起來就像黑龍離開你的身體。要感謝它們離開。

神聖內在小孩讓紅寶石色的湖水起漩渦，於是有金色閃光的祖母綠色歌唱之光開始如泉水般向上流動。沉浸在「信任」的神聖甘露之中，說道：「我選擇信任我的神聖女性以及尊重我的神聖內在小孩。我知道這麼做幫助地球母親重新平衡。我釋放並寬恕任何負面的恐懼老先生思想，包括我有所不足的貪婪與操控，而且我把它們傳送給神聖一體性，轉化成為愛。」

掌管你的身體的大自然「天使」出現在祖母綠色和金色的泉水中。這位「天使」讓紅寶石色的湖水起漩渦，於是寶石藍色的鑽石出現。其他色彩開始從祖母綠色的泉水流出，於是這座療癒噴泉變得高大而明亮。

拿起你的大自然「天使」給你的茶杯，喝下對你的身體和地球的愛與尊重。說道：「我非常感恩我的母親，也就是地球母親。我選擇愛她，因為她賜給我的一切。我感謝她為我提供我的身體。我感謝我的身體使我覺知到我可能會設法忽視的任何情緒、感受、負面思維模式。」

一旦你感覺到煥然一新，就說：「我選擇允許大宇宙的神聖母親恢復我的陰性面，而且透過我的原子、分子、細胞，重建人類一體的陰性面。我允許且欣然接受。」

與你的神聖內在小孩和神聖女性融合，長成一位大型「天使」的大小。用你慈愛的雙手捧住地球，讓她靠近你的「心」。將具療效的「心的力量」傳送給她，說道：「感謝祢，地球。我愛祢，而且真誠地感激祢為人類一體付出的一切。」

停留在這個神聖的空間，直到你感覺準備好，要成為你的神聖人類自我為止。步出紅寶石色湖泊，穿過紫色門。你願意提供給你自己、提供給地球母親的居民、提供給地球母親的身體什麼樣的善意和無微不至的照料呢？

我們感謝你對「大天使蓋亞」以及對「神聖一體性」的愛。

第33章
將恐懼轉化成為愛

我們是「中央太陽」的「十二大天使」，與「神聖一體性」合而為一，與你（神聖的人類）合而為一。感謝你願意將恐懼轉化成為愛，以及從「本源」接收你所需要的一切。感謝你與支配地球教室的神性法則合作。感謝你榮耀地兌現你的決定，來到地球、學習、成長、在人類體驗的強度中發現你的神性。感謝你覺知到恐懼的老先生和老太太，因為他們使你遠離豐盛、健康、喜悅。感謝你接收，也感謝你請求得到你冀望接收到的一切。接收到「神聖母親」恢復「人類一體」的陰性面，而且她迫切需要被重建。

要請求，信任，接收，表示感謝，始終珍視顯化在你的創意花園中的天才想法寶藏。邀請你說出我們帶給你的真言：「恐懼出去，愛進來。匱乏出去，財富進來。苦難出去，喜悅進來。我願意讓小我的意志臣服於靈魂的最高意志。」

若要增加「天堂」的自由、未稀釋的愛、幸福快樂，就讓你的神聖內在小孩療癒你破碎的心，躍入未知的揚升，擺脫恐懼，進入「天堂」。不虞匱乏是你的「靈魂」與生俱來的權利。當你的振動停留在未稀釋的愛（「中央太陽」的歌唱之光）的頻率，你就不可能體驗到匱乏。盡可能地這麼做幫助你的「地球母親」以令人驚訝且宛如奇蹟的方式療癒她自己。

冥想練習 52

療癒神聖內在小孩

閉上眼睛，雙手放在心上。說道：「神聖內在小孩，請將我的振動提升到你的振動。將你慈愛的雙手放在我的心上。」

看見歌唱著彩虹之光的一雙小手在你的心上，說道：「我愛你，我的神聖內在小孩。感謝你幫助我在此時此刻變得更善於信任且覺知到你的臨在。」

你感覺到你的「心的力量」在流動嗎？感覺到與「造物主」的愛相會嗎？

我們邀請你與你的神聖內在小孩一起說道：「感謝你，靈魂，與中央太陽合而為一，接收喜悅的全新童年進入我的人生。我允許我的新童年充滿自由，而且使我感到安全、被需要、受重視、被愛。」

第7部

體驗充分的睡眠與快樂的領受

美好的睡眠幫助你的小我變得更年輕，

而年輕的態度幫助你的小我與你的神聖內在小孩連結。

兩相結合，建立起凡事皆有可能的信任。

——「中央太陽」的「十二大天使」

為了支持你的療癒並讓療癒與你的神性融合，我們邀請你好好享受我們有魔法的靈丹妙藥（療癒體驗），促進充分休息的睡眠。恐懼的老先生樂於在就寢時用抱怨、擔憂、懷疑折磨你的心智。所有這類焦慮，可能會使你很難體驗到你所需要的平靜、滋養的睡眠。恐懼的老太太知道，精疲力竭使你分心，記不得要運用你的靈性工具為你帶來感到被愛和得到支持所需要的一切。建議你每晚選擇一項療癒體驗而且完全臣服於它。你越常療癒，你的睡眠和清醒生活就會越快改善。好好享受吧。

冥想練習 53

再見，負面性，晚安

閉上眼睛，看見自己跳進一座白金色能量的游泳池。請求你的守護「天使」將你變成一塊海綿。你的「天使」們會輕輕地擠出不屬於你的一切。深吸一口氣，說道：「再見，負面性！我釋放我從環境中吸收的一切恐懼，將它傳送給中央太陽。」

再次看見你自己跳進那座游泳池，變成一塊海綿。而且再一次，請求「天使」們擠出負面性。這麼做，直至你感覺乾淨俐落為止。一旦你閃閃發光，就離開那座游泳池，步入紅寶石色的淋浴間，有「神聖母親」紅寶石色的愛流經你全身。

伸手進入你的腦袋，找到播放著當天新聞以及你對過去和未來的所有擔憂的收音機。收音機從一個電台切換到另外一個電台，一個電台播放一首歌，同時另外一個電台報導這世界以及你的成年生活有什麼問題。把那台收音機從你的腦袋裡拿出來，放置在神性之愛構成的紅寶石色淋浴間內的排水孔上。

遠離排水孔，說道：「再見，負面性收音機。再見，恐懼老先生的思想和恐懼老太太的感受。」留神觀看收音機完全融解在紅寶石色的能量中，消失在排水孔下方。

拿起超柔軟的紅寶石色毛巾，把自己包裹好。毛巾變形成你最愛的紅寶石色加金色睡衣。有一條轉化蛻變的愛構成的半透明紫羅蘭色火焰河流，流經你的床位的上方、下方、整張床。爬進你的祖母綠色床單，拉起綠松色的棉被，蓋到下巴處，說道：「我寬恕過去。我臣服於更快樂的明天。」俯身過去，輕輕吻一下熟睡在你身旁的神聖內在小孩。

甜蜜入夢吧，「神聖一體性」心愛的孩子。

龍的棲息處與神聖內在小孩

閉上眼睛，深吸一口氣，然後跨進紫色門。你的神聖內在小孩等候著你，還有你的龍。你可以確信的是，這隻龍很搞笑，色彩繽紛，而且有柔軟如天鵝絨的鱗片和龍皮。

在爬上那隻龍的背部之前，請先自我介紹並詢問你的龍叫什麼名字。龍以心靈感應將答案傳送給你。介紹完畢後，請坐在龍背上，坐在你的神聖內在小孩後面。

你的神聖內在小孩雙臂緊緊抱住龍頸，低聲說道：「我們回家吧。」隨著最優雅的升空，你們在天空中，前往「靈魂」最愛的恆星系統。

一踏上你們的母星球，你的龍就會帶你去到祂的棲息處，酷似一座飄浮在半空中的宏偉宮殿。時間是夜晚，星星閃爍著。

好好參觀這座宮殿，吃些點心，喝點飲料。你的神聖內在小孩會帶你去到你要睡覺的地方。彩虹色睡衣聞起來宛如剛出爐的餅乾，它們被小心翼翼地擺放在非常舒服的床上，床上鋪著綠松色亞麻織品，那是美夢成真的色彩。你的床上有魔法枕頭，它們會為你和你的神聖內在小孩歌唱，哄你們入眠。

爬進床裡，想想今生你所感恩的一切。好好反思你正在學習的一切，那些幫助你接收領受。親吻一下你的神聖內在小孩，道晚安，然後進入夢鄉。

甜蜜入夢吧，「大宇宙」心愛的孩子。

冥想練習 55

神聖母親的更新宮殿

閉上眼睛，深呼吸幾下，直至你感到平靜且歸於中心為止。尋找紫色門，注意橫梁上方有一圈粉紅、紅色、橙色等各種色調的玫瑰花環。

打開紫色門，跨過門檻，進入「神聖母親」的宮殿。你自己的神聖女性迎接你，而且她牽著你的神聖內在小孩的手。

你有一位特殊的神聖母親對你的「心」說話嗎？天界的所有女神都在這裡：聖母馬利亞、觀音、《聖經》人物「拉結」（Rachel）、抹大拉的馬利亞（Mary

Magdalene）、古埃及女神「哈索爾」（Hathor）、印度吉祥天女「拉克什米」（Lakshmi）、印度教女神「拉妲」（Radha）等等。如果你有親愛的祖母或其他慈愛睿智的女性活在天界，她們也在「神聖母親」的「更新宮殿」（Palace of Renewal）內等候著你。

這些母親們帶著你和你的神聖內在小孩進入她們的家。左邊是一只紅寶石色的浴缸，等候著消融你的煩惱。浸泡在浴缸中，好好吸收「神聖母親」具復原作用和深度療癒的能量。喝下金杯中滿滿紅寶石色的美味飲料，它先令你神清氣爽，然後使你睏乏想睡。

就在你入睡前，這些母親們將紅寶石色浴缸變形成你曾經體驗過最舒服的床。安全和保障的體受感很迷人，因為那是薰衣草的柔和香氣混合了你最愛的花香。

俯身親吻你的神聖內在小孩，道晚安。你的神聖內在小孩已經熟睡了，等待著在奇妙的夢境中與你相會。

對這些天界的母親們滿懷感恩，她們會通宵達旦地工作，確保你一早起來感覺煥然一新。

甜蜜入夢吧，「大宇宙」的「神聖母親」珍愛的孩子。

冥想練習56

與「十二大天使」一起衝浪

閉上眼睛，微笑。正前方是一座由歌唱之光構成的白金色拱門，透過這個開口，你可以看見由彩虹構成、如海洋般洶湧的波浪。

跨過拱門，低頭看著你的雙腳。你正站在一塊由歌唱之光製成的綠松色衝浪板上，而且這塊衝浪板不會讓你跌倒。在遠處，你可以看見我們與你的神聖內在青少年乘著巨大的彩虹波浪，而且我們正一起共享非常美好的時光。

選擇某道波浪，然後做海龜翻（turtle roll，譯注：握住衝浪板在波浪中翻轉）。說道：「我臣服於我的最大夢想成真。」當你從波浪中翻滾出來時，知道你的祈禱正得到回應，因為你的神聖內在青少年已經將你的夢傳送給「母父神」。

現在輪到你跟我們一起做些奇妙的事情了。我們請求你的「靈魂」與你融合，成為由未稀釋的愛構成的巨型「天使」存有。我們把地球教室扔給你，就跟丟排球一樣。拿起這顆球，將它浸到彩虹波浪裡。等到地球教室被浸透了，就將她放在你的衝浪板末端，留神觀看著地球學校盈滿綠松色的歌唱之光。說道：「地球教室，感謝你裝滿愛與自由的能量。」好好擁抱一下那顆地球，輕輕地將她扔回給我們。

彩虹波浪轉變成光滑、柔軟的雲朵，形成一張舒服的床。你的綠松色衝浪板將你輕拋到床上，旁邊是你的神聖內在青少年。衝浪板變形成輕如空氣的綠松色棉被。俯身親吻你的神聖內在青少年，道晚安。

我們混合閃爍的北極光，帶出夜空中的星星。

甜蜜入夢吧，「大宇宙」的旅行者和衝浪者。我們保你安全，被未稀釋的愛擁抱著。

梅林的小屋與熱可可

閉上眼睛，說道：「梅林的小屋。」跨過紫色門，進入滿地白雪、鮮花盛開的景象。樹枝上有成熟的果實，空氣溫暖清新。你穿著你最愛的涼鞋和夏季服裝。梅林的世界沒有寒冷之類的東西，只有永遠的美麗與優雅。

有一條寶石鋪成的小路，圈住一座池塘且通向一間小屋，小屋的煙囪上方有紫色煙霧和銀色星星。你的神聖內在小孩在小屋內等候著你。無須敲門；梅林期待著你。他正在設計他最愛的鮮豔夏威夷短褲，而且他有一頂為你製作的紫色帽子。

在廚房的桌子旁邊坐下，將你的紫色巫師帽戴在頭上。你的帽子與你的神聖內在小孩的帽子很搭。梅林提供你一杯熱騰騰的可可，由未稀釋的愛製成。不要擔心這些成分的純度，因為唯一的成分是愛與和平。

飲用你的熱可可，有特殊的快樂夢想魔法被攪拌到那杯飲料之中。梅林要你告訴他，你渴望在塵世生活中多體驗些什麼，他一得到你的答案，就進入他的實驗室，消失了。

梅林帶著祖母綠色的澆水壺回來，接著用紫羅蘭色火焰雨滴澆灌你的腦袋。他對你說：「放下你身心中所有的罪疚和悲傷。」你唯一需要做的是說道：「我允許我皮囊中所有的罪疚和悲傷轉化成為愛。」

你現在是美麗的紫羅蘭色，而且準備好進入最深層的療癒睡眠。登上螺旋形階梯，來到你的神聖內在小孩的臥室。床很奢華，有紫色、紅寶石色、祖母綠色的亞麻織品。一切聞起來非常乾淨而清新。

當你掀開被子時，睡衣出現在你身上，宛如變魔法，而且它們與你的神聖內在小孩的睡衣超搭。梅林給你一劑安眠藥，由未稀釋的愛與幸福美夢的材料製成。嚐起來美味可口。

俯身親吻你的神聖內在小孩，道晚安。梅林和你的「天堂幫手」們正努力為你的塵世生活帶來喜悅。它很快就會出現在你的電影中。

梅林關掉燈，星星出現在頭頂。

親愛的，甜蜜入夢吧。一切安然無恙。

進入紫海

深吸一口氣，緩緩吐氣，從你的身體釋放當天的緊張感。閉上眼睛，跨進紫色門。正前方是大天使麥可的洗車場，只不過它是為人類服務，沒有汽車。你的神聖內在小孩在入口處等候著你。

坐進紅寶石色躺椅，旁邊是你的神聖內在小孩。你身後出現更多的紅寶石色躺椅，然後各個年紀的「受傷自我」們坐進這些躺椅。

躺椅在一條太陽能動力軌道上移動，進入洗車場，一切變成明亮的電藍色。由「光」和「聲音」製成的刷子從上方落下，刷過你的躺椅椅背。紫羅蘭色火焰泡沫澆淋你，一切看起來就跟它聽起來一樣熱鬧。

洗車場正在清除你可能從周圍環境吸收到的任何負面念想和情緒。它也清空你的人類皮囊中的恐懼老先生和老太太，用真理、誠實、正直使你的存在清爽潔淨。

你的紅寶石色躺椅離開洗車場，然後它變形成一艘紅寶石色小船。你的神聖內在小孩正坐在你旁邊。洗車場變成了一片紫羅蘭色火海，海豚與鯨是火海裡訓練有素的「天使」醫生。你所有的受傷自我現在都被未稀釋的愛轉化了，而且與你融為一體。這事就發生在洗車場出口前，溫暖的金色陽光吹風機在此將你吹乾。

你的紅寶石色小船被掃入紫羅蘭色火海的下層逆流，而你被一張金色網子接住，被海豚帶進一座活珊瑚構成的城堡內。為了不害你被嚇到，鯨把自己變成「天使」，祂們歡迎你躺在有厚絨布枕頭的紅寶石色沙發上。

你會經歷DNA擦洗，擦洗掉你的細胞、頭腦或「心」中不再需要攜帶的一切。說道：「我釋放一切。我寬恕一切。」

俯身親吻你的神聖內在小孩，因為你現在要睡覺。當你醒來時，你會感覺到比以前好許多、清明許多。

甜蜜入夢吧，勇敢的轉化者。感謝你成為「人類一體」中的一個細胞，而且透過你，我們幫助全體。我們從各方各面保護你，於是一切為所有相關人等越變越好。

金窩蛋中的祖母綠與紅寶石

閉上眼睛，說道：「我臣服於靈魂的關愛。」重複，直至你感覺平靜、安全為止。

跨過紫色門，進入你的創意花園。你的神聖內在小孩、神聖內在青少年、神聖女性、神聖男性正等候著你。你的神聖內在小孩牽著你的手，帶領你穿過右側一扇隱藏的花園大門。

你步入一片田野，巨大的金蛋在此生長著，宛如巨大的南瓜。其中一顆蛋從中間裂開，由內散發出祖母綠色的歌唱之光。

把手伸進金蛋的祖母綠色中心，說道：「當我早晨醒來時，我允許自己驚訝於喜悅的奇蹟。」看著你現在手中的紅寶石。將這塊寶石放在舌頭底下，讓它溶解。隨著它溶解，它使你盈滿對「神」來說很重要的保障感。你被「造物主」看見、聽見、重視。

你的神聖女性、神聖男性、神聖內在青少年、神聖內在小孩圈住那顆金蛋，開始輕輕哼唱。這顆蛋變形成一張鋪著紅寶石色亞麻織品的金床，而且它看起來很誘人，於是你直接爬進去，依偎在被窩裡。

俯身親吻你的神聖內在小孩。你的神聖內在小孩俯身親吻你的神聖內在青少年，神聖內在青少年俯身親吻你的神聖女性，神聖女性俯身親吻你的神聖男性。

從未感覺過與「靈魂」一起做夢如此安全而美妙。

甜蜜入夢吧，「神聖一體性」的珍貴存有。我們是保護著你的所有金蛋啊！

冥想練習 60

地球母親的避風港

閉上眼睛，放鬆地深吸一口氣。步入紫色門，它偽裝成點亮著祖母綠光的隧道。一場溫和的紫羅蘭色火雨正落在你頭上。

隧道通向一座長滿巨樹的森林，其高度與身形比巨型紅杉林更宏偉。母樹（the mother tree）以心靈感應呼喚你，她說：「回家的時間到了，親愛的孩子們。」你注意到你的神聖內在小孩正牽著你的手，不知何故，你們同年齡。

母樹的根部巨大，而且在根部的中間，就在你面前，它們形成一間大房子。門開著，而你可以聞到爐子上烹煮著美味的食物。

「地球母親」端上你最愛的家常餐點，而且不用擔心，沒有任何動物或植物為了製作你的晚餐而受傷。「地球母親」運用「中央太陽」的能量創造她菜單上的餐點，就跟很久很久以前製作的餐點一樣。

你的目光被房子的高屋頂吸引，而且你注意到上方橫梁上棲息著瑰麗的蝴蝶。下方有個蜂巢，來自蜂巢的蜂蜜滴入一只大鍋。女王蜂探出頭來，熱情地迎接你。

一隻體型比你和你的神聖內在小孩還大的小黑熊，慢悠悠地走過來，背靠地打滾，讓你可以撫摸她的肚子。當你這麼做，頭腦中立即浮現問題的答案。

在你跟「地球母親」的其他孩子聊完天之後，她要你躺在一張柔軟的床上，床上鋪著兔皮毛、絲綢、蝴蝶翅膀。記住，並沒有為了製作你的床而使任何動物或植物受傷。你的床由「中央太陽」的能量製成，就跟很久很久以前製作的床一樣。

你躺在床上休息，「地球母親」揉搓你的雙腳，於是你感到非常放鬆、十分安全和被愛。你的神聖內在小孩已酣然入睡。

俯身親吻你的神聖內在小孩，道晚安。「地球母親」會通宵達旦針對你下工夫，而且透過你，她也將觸碰和療癒「人類一體」。

讓療癒滲透進來，接收它，因為它被賦予了全然未稀釋的愛。

甜蜜入夢吧，地球的孩子，愛的孩子，「造物主」的孩子。

冥想練習 61

感恩你

閉上眼睛，站在具滌淨能量的紫羅蘭色火焰瀑布底下，吸進粉紅色純真的愛。將粉紅色的愛傳送給你的神聖內在小孩，說道：「你很純真。我很純真，而且我值得從大宇宙接收到我所需要的一切。」重複這段話，直至你感覺到恐懼的老太太離開你的皮囊為止。務必要她帶走她的行李和烹飪用具。

一旦你感到輕盈而自由，就跨過紫色門，進入「心」的祖母綠色草坪。尋找漂浮在紅寶石色池塘上的巨型粉紅色蓮花。蓮花中間有一張可愛的床。

步入紅寶石色池塘，牽著你的神聖內在小孩的手，說道：「我感恩我自己。我感恩我的人性。我感恩我的神性。我永遠心存感恩。」

涉水走到蓮花前，觸碰其中一片粉紅色花瓣。花瓣轉變成一位守護「天使」，祂舉起你和你的神聖內在小孩，放到床上，床上有粉紅色枕頭以及一張彩虹能量羽絨被。

你的守護「天使」打開一本書，開始讀給你聽，提到「神聖一體性」欣賞你的所有奇妙事物。聽見對你的每一句讚美，你說道：「是的，我承認這是事實，我感恩我自己。」

當守護「天使」讀完那份清單時，我們請你說道：「我願意好好體驗人類一體醒悟到自身純真與價值的奇蹟。」

你爬進漂浮的蓮花上的那張床，每一片花瓣都是另外一位「天使」，所有「天使」都以祂們的愛與感恩擁抱你。

俯身親吻你的神聖內在小孩，說道：「甜蜜入夢吧，靈魂的無價寶石。」

好好享受你的睡眠，知道每一個細胞、念頭、感受都盈滿你對「造物主」有何價值的全新覺知。你對「神」很重要啊。

冥想練習 62

祖母綠的森林

閉上眼睛，走過紫色門。在祖母綠色的草坪上，你的龍和神聖內在小孩等候著你。

你的龍開始用尾巴敲擊節奏。出現一條通向地下的階梯。你的神聖內在小孩將金色和白色的閃光扔到階梯上，於是階梯反轉，向上通往天空，穿過一圈裝飾著美麗色彩與裝飾品的鮮綠色花環的中心。

跟隨你的龍和你的神聖內在小孩走上階梯，穿過宏偉的花環。說道：「我真的相信小天使（Fairy Angel）。我真的相信小天使啊！」

然後你走進一處高大樹木構成的遼闊世界，觀察到你從未見過的美。你高高在上，在一間樹屋裡，樹屋沒有屋頂，但裝飾了在室內閃爍、移動、跳躍的光。風就像小提琴的弓，而樹葉是琴弦。在這片靜謐之境中的鳥兒截然不同，牠們的歌聲與風和諧同奏。直到你的眼睛適應了，你才看見一群「小天使」也在用祂們的念想演奏樂器和唱歌。

你和你的神聖內在小孩穿著與枝葉搭配的綠色。你們四周鈴聲迴響，輕柔的叮噹聲與風、樹葉、歌唱的念想、長笛般的鳥鳴聲完美融合。給你嬌貴的人類自我一點兒時間，完全沉浸在這個恐懼無足輕重的天堂環境裡。很歡迎、很期待你來到這裡啊。

一位看不出年齡的女子出現，有著玉色和金色長髮，身穿紅綠色衣服，她給你一杯美味的飲料，那飲料不是液體，而是由旋轉的色彩製成。她非常可愛，而且她以心靈感應說話，聽起來像悠揚的樂音。她有魔法的聲音融化任何小我的防禦或抗拒，就像熱吐司融化奶油。

她是小仙女伊露米娜（Fairy Goddess Illumina），而且她歡迎你和你的神聖內在小孩在她森林裡的家中休息，愛休息多久就休息多久。她讓你知道，在你睡覺的時候，小仙子們會針對你的小我進行能量修復，讓你更容易創造和接收。

她指著你要睡覺的地方，但那裡什麼也沒有。你的神聖內在小孩似乎正睡在半空中，所以伊露米娜微笑著把你抱起，將你放在你的神聖內在小孩旁邊。俯身親吻你的神聖內在小孩，他現在跟小仙子們一起唱著歌。專注於微妙的聲音，那些喚醒你已被遺忘的部分，而且好好享受盈滿好消息的神奇美夢。

當你醒來時，你會躺在家中自己的床上。拜訪「小天使」們的意義遠遠超乎你所能理解。今天給自己時間好好整合，確實參觀你的創意花園。小仙子們可以讓任何東西生長。

我們願你度過美好的一天，帶著令你高興且使你真正快樂的驚喜。

不斷生長的貨幣樹果園

閉上眼睛，深吸一口氣，走過紫色門。你的神聖女性正坐在一輛明亮的洋紅色敞篷車的方向盤後面，車頂敞開。你坐進乘客座，向一起坐在後座的神聖內在小孩和神聖內在青少年揮手致意。

你的神聖女性開車穿過祖母綠色的草坪，經過你的創意花園，進入一座樹木繁茂的果園。這些樹木跟你想像的截然不同，因為它們的樹葉是黃金製成，上面印著這些字：「挑選我。好好花用。分享我。」每採摘一片葉子，就產生兩片新葉子。

你的神聖女性打開後車廂，於是你們每一位都有一只籃子。在動手摘下你最渴望顯化在人生中的葉片之前，你必須做一件事：表示感謝，感謝構成你的能量比地球上的一切金錢更有價值、更令人印象深刻。好好承認這點並感覺它深入你的骨髓。拿起你的籃子，好好享受採摘幾片葉子的樂趣，而且留神觀看它們立即重新生長，數量翻倍。

收成貨幣樹之後，你的神聖女性在寶石藍色的火焰圈內點燃紫羅蘭色火焰營火。你們大家把葉子扔進火裡，說道：「我放下任何有所不足的恐懼。我願意體驗奇蹟，憶起我需要和我渴望的一切，都會由靈魂和造物主在完美的神性時機、遵循神性法則的情況下賜給我。」

你的神聖女性和神聖內在青少年回到車上，找到一頂絲綢製成的小帳篷。當帳篷搭好時，它變形成前來指引你的「揚升大師」的家。被指派前來幫助你的老師們已經在帳篷內等候你。躺在鋪了鮮豔色彩的舒服床墊上。好好聆聽，因為祂們將會告訴你，關於你的塵世生活，你想要知道的一切。祂們一定會解釋，你的體驗如何教導你重視自己和「神聖一體性」。

不要擔心金葉子。它們將會穿過從「天堂」到「人間」的帷幕，具體化現成為「靈魂」對你的人性的渴望。你無法阻止這點，即使對你來說，接收還是新鮮事，或許有點兒可怕。

俯身親吻直覺與創意的孿生姊妹，好好享受一次神祕的小睡，睡夢中，你的所有問題都會得到解答。

在舒適和「信任」中甜蜜入夢吧，「大宇宙」最有智慧的孩子。

冥想練習 64

與「十二大天使」同在啟蒙金色金字塔內

閉上眼睛，深吸一口氣，然後緩慢而澈底地吐氣。說道：「我臣服於我的靈魂的喜悅。」

轉動紫色門上的水晶門把手，步入祖母綠色的草坪。在春花盛開的花園內，有一座金白色歌唱之光構成的金字塔。你可以看見你的神聖內在小孩在金字塔內，你也可以看見幾個高大的身影站在附近。沒有入口；不過，有方法進去。說道：「心的神聖內在小孩，請讓我與你和天使們同在。」

現在你在一間空盪盪的大房間內，只有燈籠發出撫慰人心的金白色慈愛之光。躺在看起來像白色大理石桌的東西上。說道：「我臣服於造物主無條件的愛與慈悲。」當你陳述你願意臣服的意念時，大理石桌開始感覺不一樣，不再涼爽而陽剛，而是陰柔、柔軟、溫和。

這張永生的床重新變形成可以全然舒適地支撐你的身體。你的床現在是紅寶石色，你的枕頭是祖母綠色，而你的床單是乳白色。金字塔散發著淡淡的茉莉花、橙花、薰衣草、玫瑰花香。

邀請你來到這裡，我們的神聖空間，為的是幫助你移除殘餘的匱乏信念。我們需要你願意放下你曾被教導過的謊言。我們只能告訴你「真理」，因為我們是由「真理」構成，而且老實說，貧窮是謊言，只有當你活在恐懼的幻相中，它才有效。提議你選擇愛，而且我們邀請你接收你的豐盛。

你的神聖內在小孩正站在你旁邊，而且他輕輕地親吻你的額頭。你現在要接受「天使」手術；手術不痛，而且會使你自由。

在你逐漸入睡之際，請說道：「我對造物主很重要。我交出小我的有所不足，請求為我和人類一體將所有匱乏轉化成為真實的財富。我感謝祢們，天使們，地球教室因我的臣服而受益。我選擇愛啊！」

親愛的，甜蜜入夢吧。

感謝你明智地運用你的豐盛，感謝你與「心」保持連結。假使有所疑問，務必請求裝滿你愛喝的金色花蜜。是的，「神聖小孩」啊，要以「信任」接收，讓它重新填滿你的「心的力量」。「心」與「靈魂」一定會使你的人生向前邁進，因為「神聖母親」必會確保這點！

愛永不止息

「中央太陽」的「十二大天使」

致謝

我的人性的每一個原子都感謝「中央太陽」的「十二大天使」透過我分享祂們難以置信的愛與智慧。

我的感恩無以言表，感謝我丈夫麥可・沃克（Michael Wolk）的支持。我想他一定是人間的「天使」。

想要感謝珍・拉爾（Jane Lahr）、艾琳・杜內（Eileen Duhné）、史蒂芬妮・艾倫（Stephanie Allen）的出色才華、堅定不移、耐心。

感恩蕾吉娜・梅瑞迪斯（Regina Meredith）的友誼，以及願意幫助「十二大天使」完成祂們幫助人類的使命。克莉絲蒂安，諾斯拉普（Christiane Northrup）、麥可・桑德勒（Michael Sandler）、亞歷克斯・法拉利（Alex Ferrari），感謝你們對「天使」們有信心，也感謝你們與觀眾分享天使們傳達的智慧。

非常感恩接受「天使」進階培訓的勇敢學生們。感謝你們成為我的老師，也感謝你們對地球教室的服務。

始終感恩我的朋友，他們是我的家人，也感恩我的家人，他們實在是美麗的朋友。

感謝「內在傳統」（Inner Traditions）公司的業主們與才華洋溢的全體員工，出版本書以及我的前一本著作《來自十二大天使的功課》（*Lessons from the 12 Archangels*）。

大天使詞彙釋義

十二大天使（**12 Archangels**）。由「天使」療癒師組成的團隊，可以將祂們的慈愛觸碰擴展到整個「大宇宙」的任何地方。無數「光」與「聲音」構成的全能存有幫助人類和地球揚升，擺脫恐懼的振動，返回到愛的振動。

豐盛（**abundance**）。當人類轉化自己的恐懼，向「大宇宙」請求得到他們需要和想要的事物時，就會得到超額的祝福。「造物主」對祈禱的回應。因為保有來自「靈魂」和「本源」的最高振動意念而得到的正向結果。參見「繁榮」／「財富」。

煉金術的（**alchemical**）。未稀釋的愛（神性之愛）的特性，將恐懼轉變成為愛。

天使（**Angel**）。由未稀釋的愛構成的存有，幫助你寬恕過去，進一步敞開來接收「大宇宙」。

大天使加百列（**Archangel Gabriel**）。完全慈愛的力量，代表來自「造物主」清晰溝通的流動。加百列的能量是粉藍色或水色。讓人想到清新的空氣。

大天使蓋亞（Archangel Gaia）。完全慈愛的能量，具體化現「地球母親」。蓋亞是地球上所有人類與造物的母親。參見「蓋亞」。

大天使麥達昶（Archangel Metatron）。完全慈愛的力量，代表最高振動的感恩與成功，伴隨幸福與自由到來。這位「天使」的能量是綠松色的歌唱之光，結合「意志」脈輪與心輪。

大天使麥可（Archangel Michael）。完全慈愛的力量，代表最高階的「意志」、勇氣、「真理」在未稀釋的愛上振動。麥可的能量是「意志」脈輪的寶石藍色歌唱之光。

大天使維多利亞（Archangel Victoria）。完全慈愛的力量，代表神性正義、勝利、平衡。大天使麥可的姊妹。維多利亞的能量是第八脈輪提純淨化的白色火焰歌唱之光。

星體濾鏡（astral filter）。天地之間的保護振動空間，恐懼與負面性在此被吸收。星體濾鏡等同於星體超級海綿。潛意識的運作就跟星體濾鏡一樣，保有過去與現在、「受傷小我」與「心」之間的振動空間。

中央太陽（Central Sun）。「神」的能量，既是「聲音」又是「光」，在未稀釋的愛上振動。它是所有「靈魂」出生的「本源」，也是在地球教室研習的所有「靈魂」的振動目的地。參見「造物主」／「脈輪」／「神聖一體性」／「大宇宙」／「歌唱之光」。

脈輪（**chakra**）。造物主的能量電池，用於療癒和意識的進化。脈輪有無限多種色彩；不過，大部分人類將它們視為「神」的彩虹的原色。參見「歌唱之光」。

珊瑚色歌唱之光（**coral singing light**）。「靈魂」（第二）脈輪的能量。珊瑚色歌唱之光有助於釋放「性虐待」以及促進陽性面與陰性面的平衡。它也是點燃創意的奇妙能量。

創意想像力（**creative imagination**）。腦部的功能，陰性直覺腦運用它在療癒體驗中觀想概述的各個步驟。創意想像力在愛與喜悅的振動上運轉得最好。

創意（**creativity**）。「靈魂」的天賦，以種種遵循神性法則且支持從「本源」接收財富的方式表達。參見「財富」。

創意花園（**creativity garden**）。直覺與創意的陰性腦之內的空間，「靈魂」在此種下天才想法。參見「心」／「天堂」。

造物主（**Creator**）。「母父神」未稀釋且有創意的愛的能量。「神聖一體性」存活在

「造物主」之內。參見「中央太陽」／「大宇宙」。

深層潛意識（deep subconscious）。儲存庫、分子、原子，能夠保有來自前世和列祖列宗的疼痛與苦難。清理掉深層潛意識的恐懼大大有利於接收到「本源」。

靈魂的神聖女性（divine feminine of Soul）。你的更高「自性」的陰性面，你的小我與內在小孩的神聖母親。她是「靈魂」善於接納與扎根接地的面向。

神聖內在小孩（divine inner child）。「靈魂」的信使，通向「天堂」的出入口，接收豐盛的管道。神聖內在小孩是你的內在小孩純粹慈愛與純真的面向。

神聖內在青少年（divine inner teenager）。這是十二至二十歲的神聖內在小孩。神聖內在青少年帶來動力，方便落實有創意的天才想法。「靈魂」的這個面向是勇敢無畏且無法遏止的。

靈魂的神聖男性（divine masculine of Soul）。你的更高「自性」的陽性面，你的小我與內在小孩的神聖父親。他是「靈魂」的顯化與保護面向。

神聖一體性（Divine Oneness）。與「造物主」同義，「大宇宙」中的一切有情眾生都是「神聖一體性」的一部分。參見「中央太陽」／「大宇宙」。

神聖自性（divine Self）。神聖「自性」結合神聖內在小孩、神聖女性、神聖男性。

參見「靈魂」。

DNA擦洗（DNA scrub）。未稀釋的愛的能量起作用，移除掉來自DNA（去氧核糖核酸）與RNA（核糖核酸）分子中的恐懼振動。雖然被稱作「DNA擦洗」，但是滌淨效果達到量子層次（能量的亞原子粒子）。

龍（dragon）。「造物主」的情緒能量表達，以「天堂」頻率振動時，祂完全慈愛、有魔法、具保護力。以恐懼頻率振動時，龍象徵暴怒的情緒，需要透過頭頂呼氣來釋放。龍可以是任何色彩、大小、形狀。

小我（ego）。「靈魂」體驗地球教室的個體化與表達。小我可以體驗到恐懼且淪為恐懼老先生和老太太原型的犧牲品。小我可以相信與「神聖一體性」分離，而「靈魂」卻知道這是不可能的。小我可以分裂成多個不同年齡的自我。

祖母綠色歌唱之光（emerald singing light）。心輪的能量。觀想祖母綠色幫助小我進入「心」的創意花園。

帶金色閃光的祖母綠色（emerald with golden sparkles）。心輪與太陽神經叢脈輪的能量融合在一起，可以促進提升陽性心智的振動。帶金色閃光的祖母綠色是「造物主」的「信任」能量與「心的力量」的色彩。

有同理心的人（empath）。這種人感應、感受其他存有的情緒且時常因此做出回應。有同理心的存有，也吸收來自他人和來自環境的負面（不那麼快樂的）振動。

小仙子（Fairy）。「天使」存有，負責促進奇蹟，帶來覺醒、樂趣、成長的「天使」。

小仙女伊露米娜（Fairy Goddess Illumina）。小仙子們的「神聖母親」，擁有強大「力量」的能量療癒師。參見「心的力量」。

大宇宙的父親（Father of the Great Universe）。思想，或光，在未稀釋的愛的振動上行動。最高振動的作為、付出、顯化成形。這位「神聖父親」的能量帶來勇氣、清明、動力。

恐懼（fear）。振動或頻率低於未稀釋的愛的任何事物。恐懼製造出「造物主」能量的粒子與存有之間分離的幻相。參見「恐懼的老先生」和「恐懼的老太太」。

恐懼的老太太（fear's old female）。低階振動的感受，例如罪疚、羞愧、無價值感、憎恨。低階振動的情緒，例如憤怒、自我嫌惡、尚未解決的悲慟或懲罰。

恐懼的老先生（fear's old male）。低階振動的小我思想，挑剔批判、善於評斷、居高臨下、善於限制、善於操控。這個老先生引誘小我相信，你有所不足，不配向「本源」請求以及接收到「本源」。

陰性腦（feminine brain）。心智的較大部分，有直覺力、有創意、有遠見、善於接收。「心」與創意花園都住在陰性腦之內。參見「靈魂的神聖女性」。

紫紅色歌唱之光（fuchsia singing light）。眉心輪的能量，用於擴展創意想像力或內在視界。

蓋亞（Gaia）。具體化現「地球母親」的大天使。蓋亞是地球教室的家。參見「大天使蓋亞」。

天才（genius）。源自於「靈魂」和「天堂的幫手們」的點子、靈感或解決方案。這個點子或解決方案將會打造完美的常識，而且伴隨清明、希望或幸福快樂的感受。

金色或黃色歌唱之光（golden or yellow singing light）。太陽神經叢脈輪的能量。金色或黃色歌唱之光帶來自尊心、快樂幸福、自信、個人的力量。

金色閃光（golden sparkles）。「母父神」未稀釋的愛的閃光，增強任何歌唱之光的療癒力量和喜悅。

大宇宙（Great Universe）。以形相或不以形相存在的一切。「大宇宙」是由未稀釋的愛凝聚而成。參見「中央太陽」／「造物主」／「神聖一體性」。

守護天使圖書管理員（guardian Angel librarian）。保護你所有表意識和潛意識信念與記憶的「天使」。這位「天使」可能是守護「天使」，在你的「靈魂」在地球上和地球以外的地方生活期間，祂與你的「靈魂」一起旅行。

守護天使（guardian Angels）。護送你到地球教室且在你在此就學期間疼愛和保護你的「天使」存有們。守護「天使」的數量可能會增加（只要有需要）。「靈魂」在「大宇宙」中任何地方的某次投生轉世期間，守護「天使」從頭到尾都在旁陪伴。

療癒師（healer）。促進振動從低階轉換到高階的存有。療癒師存在於地球上和整個「大宇宙」。天使們是療癒師，樹木、寵物、孩童也是療癒師。任何人都可以擔任療癒師，無論是意識到或根本沒有覺察到療癒的行為。

療癒體驗（healing experience）。最高階的振動觀想練習，發揮效用的方法是：緩慢而有意識地從頭到尾讀完整個練習。保有那個體驗很奇妙的意念，療癒便可以藉此更加深入。

心（Heart）。陰性直覺腦中的聖殿，存在於未稀釋的愛或「天堂」的振動上。紫色門開啟，通向創意花園所在的「心」。

心的力量（Heart Power）。最高振動的吸引能量，帶來成功所需要的一切。「心的力量」來自神聖內在小孩以及「造物主」。

天堂（Heaven）。未稀釋的愛的能量空間和振動。「心」的聖殿，「靈魂」聚集在此，親密交流、發育成長。

天堂的幫手們（Heaven's Helpers）。「天使」、「揚升大師」、往生的親人、「天堂」裡的睿智「靈魂」，祂們提供支援和智慧，協助在地球上學習功課的人類。

天堂幫手（Helpers in Heaven）。你個人的「天使」與「指導靈」團隊。

人類（humanity）。參與地球教室的所有「靈魂」，他們在過去、現在、未來的任何時刻創造了任何振動的小我。

直覺（intuition）。從「靈魂」流經陰性腦的指引。

業力（karma）。需要在地球教室上學習的功課。參見「業力作業」。

業力作業（karmic homework）。你的「靈魂」達成的協議，支持你的小我在今生將恐懼轉化成為愛。每一個新生命都接受所有前世尚未了結的業力。

匱乏（lack）。擁有的少於需要或想要的。匱乏意識是一種思維方式，在此，匱乏或不足的恐懼遮蔽了一個人的選擇。

「如其在上，如其在下；如其在內，如其在外」法則（Law of As Above, So Below, As

Within, So Without）。在上方「天堂」裡未稀釋的愛的振動，可以在下方的地球上找到。當內在有愛的時候，愛顯化在外，成為有裨益的一切事物。

能量法則（**Law of Energy**）。「神聖一體性」是能量，而且所有能量都是未稀釋的愛。在地球上，由於恐懼，能量的振動可能會下降。運用感恩、寬恕、慈悲、無條件的愛可以提升能量的振動。

一的法則（**Law of One**）。「造物主」能量的所有粒子都存活在「大宇宙」之內且相互感應。粒子之間的分離是幻相。當一個能量粒子或一個存有幫助另一個能量粒子或存有時，一切粒子與一切存有都因為這份幫助而受益。

信念圖書館（**library of beliefs**）。人腦內限制潛意識信念和痛苦記憶的象徵性儲存區。書籍象徵信念與記憶。

愛（**love**）。最高階且最具創意振動的能量。愛是與恐懼相對立的振動，因為愛促使被恐懼分離的地方重歸一體。參見「未稀釋的愛」。

洋紅色歌唱之光（**magenta singing light**）。眉心輪（直覺）與海底輪（接收）的能量混合。觀想洋紅色能量有助於接收來自「靈魂」的創意想法。它也幫助與「天堂」裡的「神聖母親」（女神）連結。

有魔法的（magical）。等於宛如奇蹟、得到神性啟發、意外而驚喜。

陽性腦（masculine brain）。在小我存活的心智中，邏輯、理性、分析的部分。「靈魂」的神聖男性提升陽性腦的振動，幫忙專注聚焦和積極正向。恐懼的老先生和老太太透過陽性（小我）腦攻擊。

金錢（money）。任何形式的貨幣，包括數位貨幣和塑膠貨幣，都源自於金錢的思想念相。金錢的思想念相由恐懼構成；不過，可以提升金錢的振動。金錢可以在地球教室上扮演重要老師的角色。

大宇宙的母親（Mother of the Great Universe）。情緒，或聲音，在未稀釋的愛上振動。最高振動的接收。「神聖母親」的能量為人帶來輕易地接收到「本源」、情緒保障、接納與認可、人身安全。

母父神（Mother-Father-God）。與「本源」、「造物主」、「中央太陽」、「中央靈魂」、「神聖一體性」同義。「母父神」中的「母親」是「大宇宙」的「神聖母親」或「神聖女性」。「母父神」中的「父親」是「大宇宙」的「神聖父親」或「神聖男性」。

大自然天使（nature Angel）。以人類形相保有「造物主」能量粒子的「天使」。大自然「天使」是「靈魂」的一部分。

人類一體（One Human Body）。人類。在人類集體中，你是一個細胞。當你寬恕並接收來自「大宇宙」的財富時，你就幫助「人類一體」中的所有細胞做到同樣的事。

父權階層（patriarchal hierarchy）。一種統治的結構，在此，恐懼的老先生是領袖，而恐懼的老太太影響追隨者的心智。

人格（personality）。任何「靈魂」的「心」的表達。「天使」與「揚升大師」都有人格。凡是選擇恐懼的人類人格都被稱作「小我」。

力量（Power）。「母父神」未稀釋的愛的能量，用來嘉惠「神聖一體性」。最高振動的「力量」遵循神性法則。

繁榮（prosperity）。豐沛流動的財務資源，不需要犧牲一個人的創造熱情，或是心智、情緒、身體健康。

紫色門（purple door）。陽性的邏輯腦與陰性的創造直覺腦之間的通道。紫色門是由頂輪與眉心輪的能量構成，而且不會被恐懼污染。

光芒（ray）。來自「中央太陽」的能量，以某種色彩和聲音發出。參見「歌唱之光」。

宗教（religion）。任何信念體系，在此，人類與「造物主」／「本源」之間的分離是教導、哲學或實務的一部分。當宗教規則賦予人們凌駕他人的力量與特權時，恐懼和苦難便會盛行。

紅寶石色歌唱之光（ruby singing light）。「神聖母親」的海底輪能量，出現在觀想無條件的愛、情緒保障、人身安全盈滿人類的皮囊時。對於接收到「大宇宙」，這種歌唱之光是必不可少的。

寶石藍或鈷藍色歌唱之光（sapphire blue or cobalt singing light）。「意志」（或喉嚨）脈輪的能量，表達勇氣、「真理」、正義。參見「大天使麥可」。

歌唱之光（singing light）。「中央太陽」的一道光芒。也是「聲音」與「光」在未稀釋的愛上振動。參見「脈輪」／「光芒」。

直覺與創意孿生姊妹（sisters of intuition and creativity）。象徵清明直覺與創意天才，從「本源」和「靈魂」流入善於接收的陰性心智。「大宇宙」的「神聖母親」的兩個女兒。

靈魂（Soul）。「中央太陽」的一滴，由活在「神聖一體性」之內的未稀釋的愛構成。

潛意識（subconscious）。潛意識的運作就像星體濾鏡，吸收過去的負面記憶、念想、情緒。它儲存恐懼和未被寬恕的體驗，直至這些被愛清理掉為止。

超意識（superconscious）。「造物主」／「母父神」／「神聖一體性」的意識，在未稀釋的愛、純淨的念想與情緒的振動上。

臣服（surrender）。小我放下操控和期待，且信任由「靈魂」主事的行為。

心靈感應（telepath）。一個存有可以透過念想與另外一個存有溝通交流。善於心靈感應的存有感應並吸收他人的思想。「天使」們運用心靈感應溝通交流。

思想念相（thoughtform）。已在塵世（地球）層面或星體濾鏡上從思想能量化為物質的任何事物。因為恐懼將思想分離出來，使之脫離情緒，因此思想念相多少受到恐懼污染。來自「造物主」的顯化是造物，不是本書中描述的思想念相。

寶藏（treasure）。所有「靈魂」垂手可得的浩瀚天賦、才華、能力、智慧。當小我與「心」契合相映時，「靈魂」便打開寶箱，迎接小我。

信任能量（Trust energy）。「造物主」的「心」的深邃療癒能量，在無條件的愛的振動上讓小我與「靈魂」融合在一起。「信任」能量是扎根接地、具有療效、善於保護的。

真理（Truth）。最高振動的愛，被表達成來自「靈魂」和「神聖一體性」的明確方向。也是「心的意志」。「真理」是「母父神」的力量，解放陷入恐懼幻相中的人們。這股「力量」透過「意志」脈輪（喉輪）被觸及，其歌唱之光的色彩是寶石藍。

綠松色歌唱之光（turquoise singing light）。「意志」脈輪與心輪的能量融合在一起。這類歌唱之光支持自由、成功、快樂夢想的顯化。參見「大天使麥達昶」。

未稀釋的愛（undiluted love）。愛的能量，沒有任何恐懼的振動。未稀釋的愛是「中央太陽」／「母父神」／「造物主」／「神聖一體性」／「大宇宙」的能量。

無價值感（unworthiness）。這則沉浸在恐懼中的謊言傳達出這個訊息：「不要請求，因為你不夠好，接收不到。」

紫羅蘭色火焰垃圾箱（violet-fire dumpster）。釋放和轉化的場所，釋放和轉化不再需要或想要的信念。

轉化與寬恕的紫羅蘭色火焰能量（violet-fire energy of transformation and forgiveness）。頂輪的療癒能量，可以轉化鎖在深層潛意識的恐懼。寬恕被用作一種未稀釋的愛的「力量」，觸及ＤＮＡ，改變祖傳的失落模式。紫羅蘭色火焰等同於紫羅蘭色歌唱之光。

漩渦（vortex）。對本書而言，正向能量漩渦是由未稀釋的愛的能量構成，這能量從「天堂」移動到「人間」。

財富（wealth）。從「本源」接收到使你感覺安全、健康、自由、快樂所需要的一切。財富是豐盛，包含創意表達、圓滿俱足、平衡、嘉惠「神聖一體性」的「心」的服務。真實的豐盛，包括顯化同時尊重三項神性法則的財務繁榮。

白色火焰（white fire）。第八脈輪的能量，位於頭頂上方。白色火焰用來提純淨化被恐懼污染的能量。參見「白金色歌唱之光」。

白金色歌唱之光（white-gold singing light）。「中央太陽」的能量，也是所有脈輪能量與歌唱之光色彩的「本源」。

價值感（worthiness）。每一個人類的無限價值，是接收來自「大宇宙」的療癒、轉化、解放、豐盛。

受傷小孩（wounded child）。緊緊抓住過去的傷痛與創傷的自我或自我們。受傷小孩想要保護你免於更多的傷害和損失，即使這反而是大受約束。

受傷的女性陰柔面（wounded female-feminine）。潛意識自我緊緊抓住來自過去的罪疚、羞愧、受害體驗。受傷的女性自我可能是祖傳的，也可能來自前世。參見「恐懼的老太太」。

受傷的男性陽剛面（wounded male-masculine）。潛意識或表意識自我出於憤怒、恐懼、羞辱採取行動。受傷的男性由恐懼的老先生指揮。參見「恐懼的老先生」。

國家圖書館出版品預行編目（CIP）資料

大天使豐盛法則：連結 12 位本源大天使，64 個冥想練習，敞開財富大門 / 貝琳達．沃馬克（Belinda J. Womack）著；非語譯 . -- 初版 . -- 新北市：橡實文化出版：大雁出版基地發行，2024.08
面；　公分
譯自：Angel abundance : revelations on true wealth from the 12 archangels
ISBN 978-626-7441-53-4（平裝）

1.CST: 靈修

192.1　　113008635

BC1134

大天使豐盛法則：
連結 12 位本源大天使，64 個冥想練習，敞開財富大門

Angel Abundance: Revelations on True Wealth from the 12 Archangels

作　　者　貝琳達．沃馬克（Belinda J. Womack）
譯　　者　非語
責任編輯　田哲榮
協力編輯　朗慧
封面設計　斐類設計
內頁構成　歐陽碧智
校　　對　吳小微

發 行 人　蘇拾平
總 編 輯　于芝峰
副總編輯　田哲榮
業務發行　王綬晨、邱紹溢、劉文雅
行銷企劃　陳詩婷
出　　版　橡實文化 ACORN Publishing
地址：231030 新北市新店區北新路三段 207-3 號 5 樓
電話：02-8913-1005　傳真：02-8913-1056
網址：www.acornbooks.com.tw
E-mail 信箱：acorn@andbooks.com.tw
發　　行　大雁出版基地
地址：231030 新北市新店區北新路三段 207-3 號 5 樓
電話：02-8913-1005　傳真：02-8913-1056
讀者服務信箱：andbooks@andbooks.com.tw
劃撥帳號：19983379　戶名：大雁文化事業股份有限公司

印　　刷　中原造像股份有限公司
初版一刷　2024 年 8 月
定　　價　480 元
I S B N　978-626-7441-53-4